Н.Ю. Бойко

СКАЗКИ НА УРОКЕ РУССКОГО ЯЗЫКА

Учебное пособие
для изучающих русский язык

Санкт-Петербург
«Златоуст»

2005

УДК 811.161.1

Бойко Н.Ю.
Сказки на уроке русского языка. Учебное пособие для изучающих русский язык. — СПб: Златоуст, 2005. — 96 с.

Рецензенты:
д.п.н. В.В. Молчановский (ГИРЯП, г. Москва);
к.ф.н. Г.Н. Сергеева (ДВГУ, г. Владивосток)

Зав. редакцией *к.ф.н. А.В. Голубева*
Редактор: *Л.В. Степанова*
Корректоры: *И.В. Евстратова, Н.И. Васильева*
Вёрстка: *Л.О. Пащук*
Художественное оформление: *Н.Ю. Бойко*
Обложка: *В.В. Листова*

Пособие знакомит иностранных учащихся с самыми известными и популярными русскими сказками, на примере которых дается представление о быте, традициях и характере русского народа, понятие о русском разговорном языке, просторечии. Оно адресовано тем, кто достиг базового уровня общего владения русским языком и интересуется русской народной культурой.

ISBN 5-86547-228-3

Подготовка оригинал-макета: издательство «Златоуст».
Подписано в печать 03.03.2005. Формат 60x90/8. Печ. л. 12. Печать офсетная. Тираж 2000 экз.
Код продукции: ОК 005-93-953005.

Лицензия на издательскую деятельность ЛР № 062426 от 23 апреля 1998 г.
Санитарно-эпидемиологическое заключение на продукцию издательства Государственной СЭС РФ
№ 78.01.07.953.П.003882.05.01 от 16.05.01 г.

Издательство «Златоуст»: 197101, Санкт-Петербург, Каменноостровский пр., д. 24, кв. 24.
Тел. (7-812) 346-06-68, факс (7-812) 103-11-79, e-mail: sales@zlat.spb.ru, http://www.zlat.spb.ru

Отпечатано с готовых диапозитивов в типографии «КСИ».
193318, С.-Петербург, ул Ворошилова, 2.

СОДЕРЖАНИЕ

ПРЕДИСЛОВИЕ

Пособие адресовано иностранным учащимся, имеющим подготовку по русскому языку в объеме базового курса, знакомым с основами практической грамматики и владеющим лексикой повседневно-бытовой тематики.

Целью курса является углубление лингвострановедческих знаний учащихся посредством знакомства с образцами русских народных сказок. Уникальность фольклорного материала заключается в концентрации как лингвистических (грамматических, стилистических), так и страноведческих явлений (обычаи, традиции, культура простого народа).

Основной задачей курса является представление некоторых характерных для русского разговорного языка грамматических явлений, в частности, способов выражения субъективной оценки, а также их стилистическое разграничение.

Пособие предваряет вводный урок-лекция. В тексте к этому уроку учащиеся находят ответы на вопросы о месте русских народных сказок в русской культуре и целях данного курса. В качестве основных обучающих текстов в пособии представлено десять аутентичных народных сказок, содержащих актуальный лексико-грамматический материал, который объясняется в лексико-грамматическом комментарии и тренируется в лексико-грамматических заданиях к уроку. Практически в каждый второй урок включен аудиотекст, частично или почти полностью совпадающий с базовой сказкой, для развития навыков аудирования и имитации реального общения. Пособие заканчивается итоговым уроком и двумя контрольными работами для проверки навыков чтения и аудирования.

Пособие выполняет сугубо прагматические задачи, ни в коей мере не претендуя на художественный анализ русских народных сказок. Методический аппарат пособия ограничен лексико-грамматическими и условно-речевыми заданиями. За пределами данного пособия остались речевые задания-беседы о морали сказки, смысле ее образов и характеров, сопоставление их с образами и характерами других национальных сказок.

Прочитайте текст. Обратите внимание на выделенные слова и выражения. Выполните задания после текста.

РУССКАЯ НАРОДНАЯ СКАЗКА

Сказка по праву занимает достойное место среди других литературных жанров. Более того, в народном творчестве сказка, вероятно, самое большое чудо. В ней обычны «необычные» слова, есть свой стиль. Реальный мир преображён, и мы то узнаём, то не узнаём его.

Сказка — произведение преимущественно фантастическое, вымышленное и зачастую основанное на древних фольклорных источниках. Часто сказки разных народов бывают очень схожи по своему сюжету.

Сказка может быть в стихах и прозе.

Знакомство с языком, жизнью и характерами у детей часто и происходит посредством сказки. Сказка — необходимый элемент духовной жизни ребёнка. Однако случается, что и взрослый, читая сказку своему малышу, незаметно для себя оказывается в её власти. Может быть, потому, что проблемы, которые его сейчас волнуют, хорошо накладываются на сказочные образы и ситуации.

Правда сказок в том, что хотя в них и говорится о зверях, а воспроизводятся похожие человеческие ситуации. Действия вымышленных героев, зверей откровеннее обнажают негуманные стремления, помыслы, причины поступков, совершаемых людьми. Читая русские народные сказки, оказываешься в истинно народной атмосфере русского быта, русских характеров. Сказки честно и открыто выставляют напоказ все отрицательные черты человеческого характера: ложь, хитрость, вражду, коварство, жадность. В противовес злу народ в сказках провозглашает непреходящую веру в добро, мужество, ум, храбрость, честность, любовь и верность. В них — вечная борьба добра и зла. Русские народные сказки — это великолепный источник живого русского языка, источник сведений о характерах, традициях и быте русского народа.

Сказки бывают разные: фольклорные (волшебные, бытовые, о животных) и литературные (сказки Пушкина, Ершова, А. Толстого и др.). Фольклорная, или народная, сказка с первого взгляда похожа на детское чтение: ей свойственны упрощённая психология, зачастую счастливый конец, традиционная «убаюкивающая» форма изложения. Народной сказке не свойственна ирония.

Задания к тексту

1. К словам левой колонки подберите синонимы из правой.

1) по праву	1) придуманный
2) достойный	2) в основном
3) преображённый	3) повседневная жизнь
4) преимущественно	4) справедливо
5) вымышленный	5) похожий
6) специфика	6) равноценный
7) схожий	7) правдиво
8) незаметно	8) особенность
9) накладываться	9) открыто
10) воспроизводиться	10) мысли
11) откровенно	11) вечный
12) обнажать	12) действие
13) стремления	13) через
14) помыслы	14) характерный
15) поступок	15) так, чтобы все видели
16) быт	16) так, что никто не видит
17) напоказ	17) изменённый
18) в противовес	18) рассказ
19) провозглашать	19) отражаться
20) непреходящий	20) часто
21) зачастую	21) открывать
22) убаюкивающий	22) информация
23) свойственный	23) повторяться
24) сведения	24) желания
25) посредством	25) усыпляющий
26) истинно	26) объявлять
27) изложение	27) с другой стороны

2. Напишите, с какими словами ассоциируются у вас данные слова.
Используйте приведённые ниже слова для справок.

Например:
Сказка — *мама, волшебная, фантазия, детство.*

1. Жанр _____

2. Стиль _____

3. Произведение _____

4. Волшебный _____

5. Фольклорный _____

6. Сюжет _____

7. Духовный _____

8. Негуманный _____

9. Коварство _____

10. Верность _____

1. Друг, честный, доверять, всегда.
2. Интересный, скучный, содержание, коротко.
3. Драма, трагедия, литературный, оригинальный.
4. Народ, устно, национальный, древний.
5. Классический, современный, мода, вкус.
6. Религия, мораль, образованный, душа.
7. Картина, книга, создавать, шедевр.
8. Обманывать, злой, комплименты, враг.
9. Жестоко, война, убивать, бесчеловечный.
10. Сказочный, мечта, чудо, детство.

3. Перепишите текст «Русская народная сказка», заменяя выделенные слова синонимичными выражениями из задания № 1. Не забывайте делать грамматические изменения.

4. Скажите, читали ли вы сказки в детстве. Какие положительные и отрицательные черты характера человека показаны в ваших национальных сказках?

5. Вы начинаете читать русские народные сказки. В конце этого курса вы должны ответить на следующие вопросы:

Какие животные наиболее часто встречаются в русских сказках? А в сказках вашего народа?

Какие животные в русском фольклоре являются положительными, а какие отрицательными героями?

Какие черты характера в русских сказках провозглашаются как положительные, а какие осуждаются?

Какие пословицы и поговорки можно рассматривать как мораль прочитанных вами сказок?

УРОК 1

Прочитайте текст.

«Курочка ряба», или «Золотое яичко», наверное, первая сказка, которую мама рассказывает своему малышу, когда он ещё не умеет говорить, а только слушает мамин голос. Ритм, напевность и повторы слов в сказке, словно колыбельная, убаюкивают ребёнка. Уже в этой сказке есть своя мораль: «Не всё то золото, что блестит», «Лучше синица в руках, чем журавль в небе», «На безрыбье и рак рыба». Понятен ли вам смысл этих пословиц?

Послушайте сказку «Золотое яичко». Всё ли вам понятно?
Прочитайте сказку сами, познакомьтесь с комментарием.

ЗОЛОТОЕ ЯИЧКО
(Пересказал К. Ушинский)

Ж или *себе дед да баба*,
И была у них курочка ряба.
Снесла курочка **яичко**:
Яичко не простое —
Золотое.
Дед **бил-бил** —
Не разбил.
Баба **била-била** —
Не разбила.
Мышка бежала,
Хвостиком махнула,
Яичко упало и разбилось.
Дед и баба плачут,
Курочка **кудахчет**:
«Не плачь, дед, не плачь, баба!
Я снесу вам яичко другое,
Не золотое — простое».

Себе — сочетание в сказуемом личной формы глагола с местоименной частицей *себе* обозначает действие, совершаемое для себя, в своих интересах.
Дед (*простореч.*) — дедушка, старик.
Да = и; дед да баба = дед и баба.
Баба (*простореч.*) — бабушка, старуха.
Снесла (снести) яичко (нести яйца) — класть яйца (о птицах).
Бил-бил, била-била (бить) — значение длительности действия, т. е. долго бил, долго била.
Кудахчет (кудахтать) — кричать (о курице).

Лексико-грамматический комментарий

I. Суффиксы субъективной оценки существительных

С помощью этих суффиксов от данных существительных образуются новые слова, выражающие эмоциональную оценку называемого предмета.

Э м о ц и о н а л ь н а я о ц е н к а предмета может представлять собой различные оттенки уменьшительности и ласкательности, например: *яичко* — маленькое яйцо, *курочка* — любимая курица, *мышка* — маленькая мышь, *хвостик* — тонкий или короткий хвост.

-чик-	забор — забор-**чик**
-ик-	рот — рот-**ик**
-ок- (-ек-, -ёк-)	лес — лес-**ок**, песок — песоч-**ек**, пень — пен-**ёк**
-к-	шуб-а — шуб-к-а, ног-а — нож-**к**-а
-очк- (-ечк-)	гор-а — гор-**очк**-а, бедняг-а — бедняж-**ечк**-а
-онк- (-ёнк-)	рук-а — руч-**онк**-а, сестр-а — сестр-**ёнк**-а
-ушк- (-юшк-)	голов-а — голов-**ушк**-а, дяд-я — дяд-**юшк**-а
-ышк- (-ишк-)	зерн-о — зёрн-**ышк**-о, дом — дом-**ишк**-о
-оньк- (-еньк-)	берёз-а — берёз-**оньк**-а, подруг-а — подруж-**еньк**-а
-иц- (-ец-)	сестр-а — сестр-**иц**-а, брат — брат-**ец**

В словах типа *пуговичка, пигаличка, водичка, лисичка* и т. д. в суффиксе *-ичк-* сливаются два суффикса: *-иц(ч-)-* и *-к-* (*сестр-иц-а — сестр-ич-к-а, пигал-иц-а — пигал-ич-к-а, лис-иц-а — лис-ич-к-а*).

После суффиксов *-ышк- (-ишк-)* и *-ушк- (-юшк-)* существительные среднего рода и неодушевлённые существительные мужского рода имеют окончание *-о* (*зерн-о — зёрн-ышк-о, дом — дом-ишк-о, хлеб — хлеб-ушк-о*), а существительные женского рода и одушевлённые существительные мужского рода — окончание *-а* (*рек-а — реч-ушк-а, голов-а — голов-ушк-а, таракан — таракан-ишк-а, вор — вор-ишк-а, брат — брат-ишк-а*).

II. Краткая форма качественных прилагательных

Качественные прилагательные (за некоторыми исключениями), кроме полной, имеют также краткую форму, например: *рябая — ряба*. В предложении краткое прилагательное служит именной частью сказуемого. Поэтому краткие формы стали обозначать не просто качественный признак, а качественное состояние во времени. Например: *Река спокойная* (всегда). *Река спокойна* (сейчас).

В некоторых случаях полная и краткая формы прилагательного различаются по смыслу. Например: *беден* (не имеет денег) — *бедный* (несчастливый), а также такие этикетные выражения, как *«будьте добры», «будьте любезны»*. В целом краткие формы носят более книжный характер.

Краткие формы не склоняются и способны принимать лишь соответствующие родовые окончания и окончание множественного числа, прибавляемые к основам полных прилагательных (*ряб, ряба, рябо, рябы*).

	М. р.	— нулевое окончание	— (мальчик) весел
Ед. ч.	Ж. р.	-а (-я)	— (девочка) весел-а
	С. р.	-о, -е	— (дитя) весел-о
Мн. ч. (для всех родов)		-ы, -и	— (дети) весел-ы

При образовании кратких форм мужского рода могут наблюдаться следующие особенности:

— если основа полного прилагательного оканчивается на суффиксы -к- или -н- с предшествующим согласным, то в краткой форме перед данными суффиксами появляются беглые гласные о или е (креп-к-ий — крепок, глад-к-ий — гладок; вред-н-ый — вреден, боль-н-ой — болен);

— краткие формы мужского рода на -енен в современном языке вытесняются краткими формами на -ен (бесчувственен — бесчувствен, бессмысленен — бессмыслен, многочисленен — многочислен).

Прилагательное достойный имеет краткую форму мужского рода достоин. К особым случаям относятся прилагательные: маленький — мал/а/о/ы и большой — велик/а/о/и.

В некоторых устойчивых словосочетаниях, а также в фольклоре сохранились следы косвенных падежей кратких форм (на босу ногу, по белу свету, средь бела дня, от мала до велика, добру молодцу, красну девицу, зелена вина).

Краткие формы используются в предложениях со значениями: предупреждения или информационного сообщения, призыва или обращения (напр.: Будьте ко мне справедливы!), вывода и заключения (напр.: Жизнь прекрасна и удивительна!).

Эти грибы ядовиты.

Дорога опасна.

Текст для аудирования

Послушайте сказку "Курочка ряба". Прочитайте комментарий справа. Выполните задания после текста.

КУРОЧКА РЯБА
(русская народная сказка)

Жили-были старик со старухой. Была у них курочка ряба. Снесла курочка яичко — **востро**е, пёстрое да красивое. Покатилось яичко с полки на полку, на осиновую лавку, на сосновый пол. Мышка бежала, хвостиком махнула, яичко покачнула, о порог стукнула, тут яичко и разбилось.

Стал дед плакать, стала баба рыдать, стала курица летать; **за**горевала кошка, села на окошко — слёзы лить; загоревал петушок — сел на шесток; двери захлопали, бараны затопали, ворота заскрипели, птицы горестно запели.

Пошли внучки по воду, то дело услыхали, вёдра изломали, к матушке побежали.

— Ничего ты, матушка, не знаешь! Как у нашей бабушки снесла курочка яичко: вострое, пёстрое да красивое. Покатилось яичко с полки на осиновую лавку, на сосновый пол. Мышка бежала, хвостиком махнула, яичко покачнула, о порог стукнула, тут яичко и разбилось. Стал дед плакать, стала бабушка рыдать, стала курица летать; загоревала кошка, села на окошко — слёзы лить; загоревал петушок — сел на шесток; двери захлопали, бараны затопали, ворота заскрипели, птицы горестно запели. А мы пошли по воду, то дело услыхали, вёдра изломали, к тебе прибежали.

А матушка тесто месила. Как услыхала, **за**голосила, квашню разбила, тесто вывалила, побежала к батюшке.

— Ничего ты, батюшка, не знаешь! Как у нашей бабушки снесла курочка яичко: вострое, пёстрое да красивое. Покатилось яичко с полки на осиновую лавку, на сосновый пол. Мышка бежала, хвостиком махнула, яичко покачнула, о порог стукнула, тут яичко и разбилось. Стал дед плакать, стала бабушка рыдать, стала курица летать; загоревала кошка, села на окошко — слёзы лить; загоревал петушок — сел на шесток; двери захлопали, бараны затопали, ворота заскрипели, птицы горестно запели.

Вострое (*устар.*) — острое.
Приставка за- — в значении начала действия с глаголами, обозначающими звучание, говорение, световые излучения, с некоторыми глаголами движения и некоторыми другими глаголами: *загоревать, захлопать, заскрипеть, запеть, затопать, закричать, заговорить, заголосить, заблестеть, забегать, закурить, запить*. В разговорном языке эти действия выражаются также сочетанием глагола *стать* с инфинитивом.
Заголосила (заголосить) — заплакала в голос, громко.

11

Шли дочки по воду, то дело услыхали, вёдра изломали, ко мне прибежали. Я тесто месила, как услыхала — заголосила, квашню разбила, тесто вывалила.

А батюшка **на ту пору** рыбу ловил. Как услыхал, заголосил, сеть порвал, рыбку выпустил. Дед плачет, баба плачет, внучки плачут, матушка плачет, батюшка плачет, а курочка кудахчет:

— Не плачь, дед, не плачь, баба! Я снесу вам яичко: не вострое, не пёстрое, не красивое да простое. Будете его кушать, старые сказки слушать. Ко-ко-ко!

На ту пору — в то время.

Задания для аудирования к сказке «Курочка ряба»

1. Прослушайте отрывок сказки и заполните пропуски в предложениях.

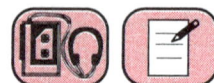

Жили-были _____ . Была у них _____ .
Снесла курочка _____ — вострое, пёстрое _____ .
Покатилось яичко с полки _____ , на осиновую _____ ,
на сосновый _____ . Мышка _____ , хвостиком
_____ , яичко _____ , о порог _____ ,
тут яичко _____ .

2. Слушайте отрывок и нумеруйте глаголы в порядке их появления в сказке.

☐ загоревала   ☐ захлопали

☐ летать   ☐ рыдать

☐ лить   ☐ загоревал

☐ запели   ☐ села

☐ плакать   ☐ заскрипели

☐ сел

3. Запишите, какие действия происходят в сказке.

Стал дед _____ , стала баба _____ , стала курица _____ ,
кошка _____ и _____ , петушок _____ и _____ ,
двери _____ , бараны _____ , ворота _____ , птицы
_____ .

4. Прочитайте вопросы и найдите ответы в следующем отрывке сказки.

Кто пошёл по воду? _____

Что они услышали? _____

Что они изломали? _____

К кому прибежали? _____

5. Прослушайте и запишите то, что рассказали дочки матушке.

_____
_____
_____
_____

6. Прочитайте вопросы и найдите ответы в следующем отрывке сказки.

Кто месил тесто? _____

Что она сделала, когда услыхала то, что ей рассказали девочки? _____
_____

Что она разбила? _____

Что вывалила? _____

Куда она побежала? _____

7. Прослушайте отрывок и сравните рассказы внучек и матушки.
Напишите, чей рассказ полнее.

_____
_____
_____

8. Прочитайте вопросы и найдите ответы в следующем отрывке сказки.

Что делал батюшка? _____

Что он сделал? _____

Кто плачет? _____

Кто кудахчет? _____

Что обещала курочка ряба? _____

Лексико-грамматические задания

1. Найдите в приведённых ниже народных песенках слова с суффиксами субъективной оценки и укажите их стилистически нейтральную форму.

Вдоль по реченьке лебёдушка плывёт,
Выше бережка головушку несёт,
Белым крылышком помахивает,
На цветы водицу стряхивает.

* * *

Сел комарик под кусточек,
На еловый на пенёчек,
Свесил ножки на песочек,
Сунул носик под листочек,
Спрятался!

* * *

Травка-муравка со сна поднялась,
Птица-синица за зерно взялась,
Зайки — за капустку,
Мышки — за корку,
Ребятки — за молоко.

> Со сна поднялась — проснулась, встала.

2. Образуйте слова с уменьшительно-ласкательными суффиксами.

Курица, баба, дед, яйцо, мышь, хвост, батя, рыба, старуха, шест, мать, дочь, заяц, капуста.

3. Вычеркните слова, не имеющие в своём составе уменьшительно-ласкательных суффиксов.

Дочка, старушка, окошко, кошка, старик, полка, петушок, лавка, шесток, внучка, сетка, сказка, травка, ребятки, корка.

4. Измените краткие прилагательные по родам и числам.

ряб — _____

пёстр — _____

красив — _____

прост — _____

стар — _____

5. Замените данные сочетания приставочными глаголами, используя слова для справок.

стала рыдать _____ стал плакать _____

почувствовал горе _____ начали хлопать _____

начали скрипеть _____ стали петь _____

заплакала в голос _____ начала кудахтать _____

захлопали, зарыдала, закудахтала, заголосила, заплакал, загоревал, запели, заскрипели

6. Итак, вы познакомились с двумя русскими народными сказками, схожими по своему сюжету. Стал ли вам более понятен смысл приведенных в начале урока пословиц? Перескажите сказку «Золотое яичко» по картинкам.

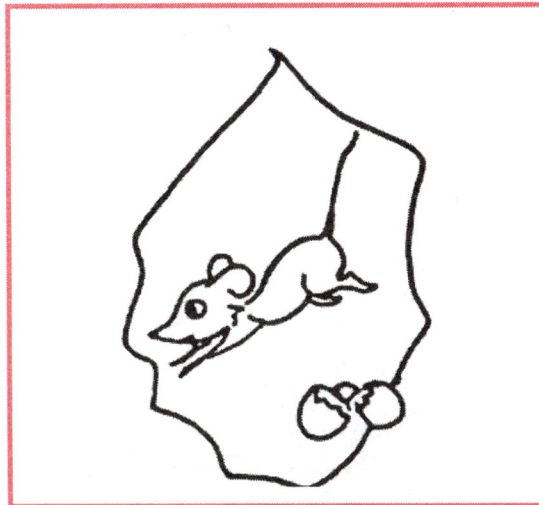

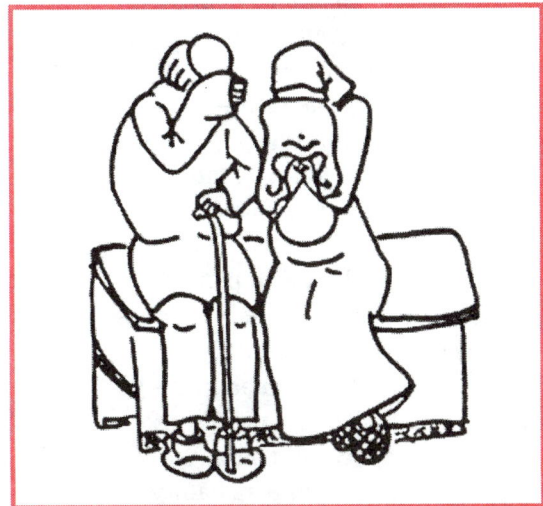

7. Перескажите сюжет сказки из вашего национального фольклора не тему «Не всё то золото, что блестит».

Послушайте сказку «Репка». Всё ли вам понятно?
Прочитайте сказку сами, познакомьтесь с комментарием.

РЕПКА
(Пересказал А. Толстой)

Посадил дед репку и говорит:

— Расти, расти, репка, сладка! Расти, расти, репка, крепка!

Выросла репка сладка, крепка, большая-пребольшая.

Пошёл дед репку рвать: тянет-потянет — вытянуть не может.

Позвал дед бабку.

    Бабка за дедку,
    Дедка за репку —

Тянут-потянут — вытянуть не могут.

Позвала бабка внучку.

    Внучка за бабку,
    Бабка за дедку,
    Дедка за репку —

Тянут-потянут — вытянуть не могут.

Позвала внучка Жучку.

    Жучка за внучку,
    Внучка за бабку,
    Бабка за дедку,
    Дедка за репку —

Тянут-потянут — вытянуть не могут.

Позвала Жучка кошку.

    Кошка за Жучку,
    Жучка за внучку,
    Внучка за бабку,
    Бабка за дедку,
    Дедка за репку —

Тянут-потянут — вытянуть не могут.

Позвала кошка мышку.

    Мышка за кошку,
    Кошка за Жучку,
    Жучка за внучку,
    Внучка за бабку,
    Бабка за дедку,
    Дедка за репку —

Тянут-потянут — вытянули репку.

Посадил (посадить) репку — посеял семена репки.

Большая-пребольшая — удвоение слова для усиления значения, т. е. очень большая.

Рвать — здесь: собирать урожай, например, моркови, репы, лука, редиса, зелени.

Тянут-потянут (тянуть) — см. тянут долго.

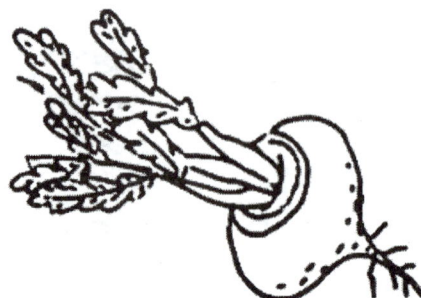

Лексико-грамматический комментарий

I. Выражение субъективной оценки прилагательных с помощью приставки со значением интенсивности признака, высокой и высшей степени проявления признака.

пре-	милый — **пре**-милый, интересный — **пре**-интересный
наи-	хороший — лучший — **наи**-лучший
	милый — милейший — **наи**милейший
раз-	весёлый — **раз**-весёлый, удалой — **раз**-удалый

Например: *Выросла репка большая-пребольшая* (т. е. очень большая).

II. Суффиксы субъективной оценки существительных.

Уничижительные суффиксы придают словам оттенок фамильярности, иронии, пренебрежения. Например: *дедка — дед, бабка — баба.*

-к-	дев-**к**-а, Наташ-**к**-а, Вань-**к**-а
-ушк-(-юшк-)	Марф-**ушк**-а, Ван-**юшк**-а
-онк-(-ёнк-)	старуш-**онк**-а, баб-**ёнк**-а

III. Предлог «за» в значении поверхностного соприкосновения с чем-то, с частью чего-то.
Например: *взять за руку, схватить за волосы, обнять за плечи, схватиться за голову.*

«ЗА» + (что?) винительный падеж (4)

Например:

Мышка за кошку,
Кошка за Жучку,
Жучка за внучку,
Внучка за бабку,
Бабка за дедку,
Дедка за репку.

Лексико-грамматические задания

1. Подчеркните слова с суффиксами субъективной оценки и объясните, какой оттенок значения они придают.

Репка, бабка, дедка, внучка, кошка, Жучка, мышка, полка.

2. Прочитайте детские считалки и выпишите из них слова, имеющие суффиксы субъективной оценки.

(Пересказал Б. Заходер)

Шёл Котёнок из больницы,
Нашёл новы рукавицы.
Думал-думал, куда деть?..
— Эх!
Лучше на ноги надеть!

***
Ниточка, иголочка,
Синее стеколышко,
Рыба-Карась...
Убирайся прямо в грязь!

***
...Шёл, шёл, шёл —
И корзиночку нашёл!
В этой маленькой корзинке
Есть помада и духи,
Ленты, кружево, ботинки —
Что угодно для души!

***
За стеклянными дверями
Стоит Попка с пирогами.
— Здравствуй, Попочка-дружок!
Сколько стоит пирожок?
— Пироги не продаются!
Они детям так даются!

***

Я вареньице варила —
Себе пальчик обварила ...
Никому я не скажу,
Что без пальчика хожу!

***

Чики-чики-чикалочки —
Едет гусь на палочке,
Уточка — на дудочке,
Мальчики — на тачке!

3. Выделенные слова и словосочетания замените словами, выражающими субъективную оценку.

Выросла **очень большая** репка.
У них родился **очень милый** малыш.
Я желаю вам всего **самого хорошего**.
Очень весёлый он и **удалой** парень!

4. Напишите полную форму прилагательных.

сладка — _____   вежливо — _____

крепка — _____   достоин — _____

ядовиты — _____   плодородна — _____

вреден — _____   мужествен — _____

5. Измените краткие прилагательные по родам и числам.

сладка — _____   крепка — _____

весел — _____   гладки — _____

бесчувственна — _____   бессмысленно — _____

малы — _____   велико — _____

6. Образуйте краткие прилагательные и измените их по родам и числам.

дорогой — _____   добрый — _____

хороший — _____   зелёный — _____

плохой — _____   близкий — _____

больной — _____   славный — _____

благодарный — _____   красивый — _____

7. Используя слова для справок, составьте предложения с краткими прилагательными в значении:

а) предупреждения, например: *Эти грибы ядовиты.*

> смертельный, опасный, желательный, обязательный, вредный, полезный

б) призыва и обращения, например: *Будьте вежливы и внимательны к старшим!*

> заботливый, требовательный, ласковый, приветливый, осторожный, справедливый

в) вывода и заключения, например: *Эта земля богата и плодородна.*

> великолепный, достойный, талантливый, гениальный, доступный, мужественный

8. Употребите в данных предложениях подходящие по смыслу прилагательные в полной или краткой форме.

1. У него бывали _____ и _____ дни.
   Он был _____ и _____ . | счастливый, несчастливый

2. Мы, женщины, _____ существа, _____ .
   Девушка была _____ . | нежный, доверчивый

3. Какой _____ и _____ офицер, и как _____ ! | славный, красивый, добрый

4. Она была _____ и _____ собой.
   Он _____ человек и очень _____ . | свободный, хороший

5. Я _____ с вами.
   А я не _____ . | согласный

6. Жизнь _____ и _____ .
   Это _____ и _____ женщина. | прекрасный, удивительный

7. И дух Отечества нам _____ и _____ . | сладкий, приятный

8. _____ час расплаты!
   Он самый _____ мне человек. | близкий

9. Измените предложения, смягчив тон, сделав его более дружеским.

О б р а з е ц: *Почему ты так груб? — Почему ты такой грубый?*

Машка, ты зла и глупа.
Ты мне противен!
Этот разговор бессмыслен и бесполезен.

10. Употребите в данных предложениях слова из скобок и вставьте, где нужно, предлог «за».

Старик медленно спускался по лестнице, держась _____ (перила) _____ (рука).

Схватив хулигана _____ (рукав пиджака), полицейский потащил его в машину.

Она осторожно взяла _____ (письмо) _____ (уголок), потянула его _____ (краешек) к себе, чтобы прочитать имя на конверте.

Он обнял её _____ (талия) и что-то шепнул на ухо.

Она долго то трясла его _____ (плечи), то обнимала _____ (он), что-то приговаривая.

11. Вы познакомились со сказкой «Репка». Прочитайте приведённые ниже русские пословицы и объясните их значение. Скажите, какие из них наиболее подходят к прочитанной сказке.

Ум хорошо, а два лучше.
Одна голова хорошо, а две лучше.
Дружному стаду волк не страшен.
Один в поле не воин.

О каких человеческих качествах говорится в сказке «Репка»? Ценятся ли они в вашей стране?

12. Перескажите сказку «Репка» по картинкам.

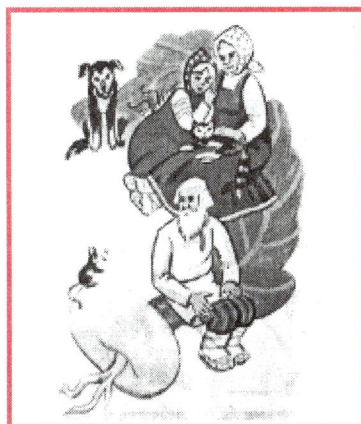

УРОК 3

Послушайте сказку «Волк и козлята». Всё ли вам понятно? Прочитайте сказку сами, познакомьтесь с комментарием.

ВОЛК И КОЗЛЯТА
(Пересказал А. Толстой)

Жила-была коза с козлятами. Уходила коза в лес есть траву шелковую, пить воду студёную. Как только уйдёт, козлятки запрут избушку и сами никуда не выходят.

Воротится коза, постучится в дверь и запоёт:

— Козлятушки, ребятушки!

Отопритеся, отворитеся!

Ваша мать пришла — молока принесла.

Бежит молоко по вымечку,

Из вымечка — по копытечку,

Из копытечка — во сыру землю!

Козлятки отопрут дверь и впустят мать. Она их покормит, напоит и опять уйдёт в лес, а козлята запрутся крепко-накрепко.

Волк подслушал, как поёт коза. Вот раз коза ушла. Волк побежал к избушке и закричал толстым голосом:

— Вы, детушки! Вы, козлятушки!

Отопритеся, отворитеся!

Ваша мать пришла — молока принесла.

Полны копытца водицы!

Козлята ему отвечают:

— Слышим, слышим, да не матушкин это голосок! Наша матушка поёт тонюсеньким голосом и не так причитывает.

Волку делать нечего. Пошёл он в кузницу и велел себе горло перековать, чтоб петь тонюсеньким голосом. Кузнец ему горло перековал. Волк опять побежал к избушке и спрятался за куст.

Вот приходит коза и стучится:

— Козлятушки, ребятушки!

Отопритеся, отворитеся!

Ваша мать пришла — молока принесла.

Шелковая трава, студёная вода, сырая (сыра) земля, зелёная трава и т. п. — устойчивые сочетания, эпитеты, характерные для фольклорных и литературных произведений.

Воротится (воротиться) (простор.) = вернуться.

Отопритеся, отворитеся, отомкнитеся (отпереться, отвориться, отомкнуться) = открыть дверь/замок. Употребление частицы -ся в повелительном наклонении и в глаголах настоящего времени в 1-м лице или прошедшего времени женского рода характеризует просторечие. Антонимы: затворить(ся), запереть(ся), замкнуть(ся).

Крепко-накрепко — удвоение с целью усиления значения, т. е. очень крепко; строго-настрого — очень строго.

Толстым голосом — грубым голосом.

Причитывает (причитывать) — повторять, перечислять.

Волку делать нечего. — Волк ничего не может сделать.

Чтоб — просторечная форма союза «чтобы»; присоединяет инфинитив в значении цели.

Бежит молоко по вымечку,

Из вымечка — по копытечку,

Из копытечка — во сыру землю!

Козлята впустили мать и **давай рассказывать**, как приходил волк, хотел их съесть.

Коза накормила, напоила козлят и строго-настрого **заказала**:

— Кто придёт к избушке, станет проситься толстым голосом да не переберёт всего, что я вам причитываю, дверь не отворяйте, никого не впускайте.

Только ушла коза — волк опять шасть к избушке, постучался и начал причитывать тонюсеньким голосом:

— Козлятушки, ребятушки!

Отопритеся, отворитеся!

Ваша мать пришла — молока принесла.

Бежит молоко по вымечку,

Из вымечка — по копытечку,

Из копытечка — во сыру землю!

Козлята отворили дверь, волк кинулся в избу и всех козлят съел. Только один козлёночек **схоронился** в печке.

Приходит коза. Сколько ни звала, ни причитывала — никто ей не отвечает. Видит — дверь отворена. Вбежала в избушку — там нет никого. Заглянула в печь и нашла одного козлёночка.

Давай рассказывать. — частица «давай» в значении «начали».

Заказала (*простореч.*) — запретила.

Схоронился (схорониться) (*устар., простореч.*) = спрятаться.

Как узнала коза о своей беде, как села она на лавку — начала горевать, горько плакать:

— Ох вы детушки мои, козлятушки!
На что отпиралися-отворялися,
Злому волку доставалися?

Услыхал это волк, входит в избушку и говорит козе:

— Что ты на меня грешишь, кума? Не я твоих козлят съел. Полно горевать, пойдём лучше в лес, погуляем.

Пошли они в лес, а в лесу была яма, а в яме костёр горел.

Коза говорит волку:

— Давай, волк, попробуем, кто перепрыгнет через яму?

Стали они прыгать. Коза перепрыгнула, а волк прыгнул да и ввалился в горячую яму.

Брюхо у него от огня лопнуло, козлята оттуда выскочили, все живые, да — прыг к матери! И стали они жить-поживать по-прежнему.

На что (простореч.) — зачем, почему.

Волку доставалися (достаться) — попались волку в лапы.

Грешишь (грешить/погрешить) на кого-то (устар., простореч.) — несправедливо обвинять кого-то.

Кума — крёстная мать по отношению к родителям и крёстному отцу. Здесь: волк якобы является крёстным отцом козлят.

Полно (горевать) — хватит, не надо (горевать).

Брюхо (груб.) — живот.

По-прежнему — как и прежде, как раньше. Так же: по-другому — иначе, по-хорошему — хорошо.

Лексико-грамматический комментарий

I. Выражение эмоционального отношения и субъективной оценки

М е ж д о м е т и я — это класс неизменяемых слов и словосочетаний, служащих для выражения различных чувств, эмоций, воли и т. д.

Междометия, выражающие **чувства** и **эмоции**, например: *Ох!* — выражение горя, испуг, боль, облегчение, сожаление.

Междометия, выражающие волю, побуждение, например: *Полно!* — перестань, не надо.

Глагольные междометия, выражающие **мгновенность действия**, например: *шасть* — резко подбежать/скакнуть; *прыг* — прыгнуть, *стук* — стукнуть.

Звукоподражательные слова. Передают звуки, издаваемые человеком или животным, а также звуки и шумы природы и т. д. Например: *хр-рр-рр!* — храп спящего; *тук-тук-тук!* — стук в дверь.

II. Суффиксы субъективной оценки прилагательных

С помощью этих суффиксов от прилагательных образуются новые слова, выражающие эмоциональную оценку качества называемого предмета.

Эмоциональная оценка может представлять собой различные оттенки уменьшительности и ласкательности, например: *тонюсенький* — очень тонкий, *миленький* — очень милый (в отношении любимого человека или очень приятной вещи).

-еньк-	голубой — голуб-**еньк**-ий
-оньк-	плохой — плох-**оньк**-ий
-ёхоньк-	смирный — смирн-**ёхоньк**-ий
-усеньк- (-юсеньк-)	такой — так-**усеньк**-ий
	маленький — мал-**юсеньк**-ий

Прилагательные с суффиксами субъективной оценки имеют краткие формы, например: *целёхоньки* — целёхонькие, *живёхоньки* — живёхонькие.

III. Краткие причастия

Страдательные (пассивные) причастия, как и качественные прилагательные, имеют краткую форму и в предложении выполняют функцию именной части составного сказуемого.

м. р.	—	запертый дом	дом заперт_
ж. р.	-а	открытая дверь	дверь открыт**А**
с. р.	-о	закрытое окно	окно закрыт**О**
мн. ч.	-ы	выбитые стёкла	стёкла выбит**Ы**

Например: *Видит — дверь **отворена**.*
*Видит — двери **отперты**, лавки **опрокинуты**, стёкла **выбиты**.*

IV. Словообразование существительных, обозначающих детёнышей животных

Большинство слов, обозначающих детёнышей животных, образуются с помощью суффиксов **-онок/-ёнок-** для единственного числа и **-ат-/-ят-** для множественного числа, присоединяемых к основе слова, обозначающего взрослое животное, например: *кот — котёнок/котята*.

Особые случаи словообразования: *собака — щенок/щенята, лошадь — жеребёнок/жеребята, курица — цыплёнок/цыплята*.

Взрослое животное	Детёныш	Детёныши
коза	козл-**ёнок**	козл-**ят**-а
кот	кот-**ёнок**	кот-**ят**-а
лиса	лис-**ёнок**	лис-**ят**-а
волк	волч-**онок**	волч-**ат**-а
медведь	медвеж-**онок**	медвеж-**ат**-а

В разговорной речи существительные, обозначающие названия детёнышей животных, сочетаются с собирательными числительными. Наиболее употребительны: *двое, трое, четверо, пятеро, шестеро, семеро*, например: *семеро козлят*.

Другие формы встречаются редко либо вообще не употребляются.

Текст для аудирования

Послушайте сказку "Волк и семеро козлят". Прочитайте комментарий. Выполните задания после текста.

ВОЛК И СЕМЕРО КОЗЛЯТ
Русская народная сказка

Жила-была в лесной избушке белая коза — жёлтые глаза. И было у неё семеро козлят. Рано утром, только солнышко взойдёт, коза в леса да луга за кормом уходит. А козлятушки дверь закроют, никого не пускают, друг с дружкою в избе играют.

Воротится коза, постучится в дверь и запоёт:

> — Козлятушки, ребятушки!
> Отопритеся, отомкнитеся!
> Я, коза, на лугу была,
> Ела травку шёлковую,
> Пила воду студёную.
> Бежит молоко по вымечку,
> Из вымечка — по копытечкам,
> С копытечка — на зелёную траву.

Козлятки откроют дверь, коза их накормит, напоит, спать уложит, а утром опять в лес ушла. Козлятки дверь заперли, а волк и пришёл. На крылечко зашёл — стук-стук-стук. Козлятки и спрашивают:

> — Кто там?

А волк грубым голосом и запел:

> — Козлятушки, ребятушки!
> Отопритеся, отомкнитеся!
> Ваша мать пришла — молока принесла.
> Полны бока молока,
> Полны рога творога,
> Полны копытца водицы.

А козлята отвечают:

— Слышим, слышим, не матушкин голосок! Наша матушка поёт тоненько да не такую песенку.

Волк ушёл и за куст спрятался. Пришла коза домой, в дверь постучалась — стук-стук-стук.

> — Кто там?

Коза и запела тоненько:

> — Козлятушки, ребятушки!
> Отопритеся, отомкнитеся!
> Я, коза, на лугу была,
> Ела травку шёлковую,
> Пила воду студёную.
> Бежит молоко по вымечку,
> Из вымечка — по копытечкам,
> С копытечка — на зелёную траву.

Козлятки матери дверь отперли. Рассказали козлятки, как к ним волк приходил. А коза им и говорит:

— Детки вы мои милые! Вы никому двери не отпирайте, пока моей песенки не услышите, мою белую ножку не увидите.

Ушла коза снова в лес. А волк выскочил из-за куста, побежал к кузнецу в деревню.

— Кузнец, кузнец! Скуй мне тоненький язычок, **а то** я тебя съем.

Испугался кузнец, сковал волку тоненький язычок. Пришёл волк к избушке — стук-стук-стук.

— Кто там?

А волк и запел тоненьким голоском:

— Козлятушки, ребятушки!

Отопритеся, отомкнитеся!

Поёт, а сам лапу на колечко положил, а лапа чёрная-чёрная. Тут козлятки увидели, да как запрыгали:

— Видим, видим, не матушкины ножки! У матушки как белый снег, а у тебя как чёрная грязь. Не откроем дверь! Ты — волк!

Рассердился волк, побежал в деревню. Видит — баба пироги печёт. Волк и зарычал на неё:

— Вымажь мне, баба, лапу белой мукой, а то я тебя съем.

Испугалась баба, вымазала ему лапы белой мукой. Побежал волк в лес, прибежал к избушке, белую лапу на окно положил да тоненьким голоском и запел:

— Козлятушки, ребятушки!

Отопритеся, отомкнитеся!

Я, коза, на лугу была,

Ела травку шёлковую,

Пила воду студёную.

Бежит молоко по вымечку,

Из вымечка — по копытечкам,

С копытечка — на зелёную траву.

Слышат козлятки: будто матушкин голосок, слышат козлятки матушкину песенку, видят козлятки белую лапочку. Открыли, отомкнули козлятки дверь, волк прыгнул в избу да всех козляток и съел. Только самый маленький в печку залез, так волк его и не нашёл. Проглотил волк шестерых козлят, пошёл в лес, лёг под куст да и заснул крепким сном.

А коза домой пришла, видит — двери отперты, лавки опрокинуты, стёкла выбиты.

— Нет козлятушек, нет ребятушек! Нет нигде милых детушек!

Стала коза горько плакать-рыдать. Вдруг слышит — в печи кто-то пищит. Подошла коза к печи, вытащила козлёночка, он ей всё и рассказал. Взяла коза большие ножницы, серой шерсти клубок да иголочку и в лес отправилась. Видит — под кустом волк спит, страшным голосом храпит: Хр-рр-рр!

Тут коза разрезала ему живот, да и выскочили все козлятушки, да и выскочили все ребятушки, **целым-целёхоньки, живым-живёхоньки**. **Вот радости-то было!** А коза волку в живот больших камней наложила да серой шерстью живот зашила, будто ничего и не было.

Проснулся волк, пить захотел. Пошёл волк к колодцу, нагнулся, а камни тяжёлые, и потянули его вниз, упал волк в колодец и утонул. А коза с козлятками пошла домой жить, молоко пить, добро наживать, песни распевать.

А то — или.
Целым-целёхоньки, живым-живёхоньки *(разг.)* — совершенно, абсолютно целые (здоровые) и живые.
Вот радости-то было! — Было много радости.

Задания для аудирования к сказке «Волк и семеро козлят»

1. Прослушайте отрывок сказки и заполните пропуски в предложениях.

Жила-была в _____ избушке белая коза — _____ глаза. _____ было у неё _____ козлят. _____ утром _____ солнышко взойдёт, коза в леса да луга _____ уходит. А козлятушки _____ закроют, никого не _____, друг с дружкою _____ играют.

2. Прослушайте песенку козы и запишите те слова, которых нет в приведённом ниже тексте.

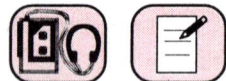

Козлятушки, ребятушки!   _____

Отопритеся, отомкнитеся!   _____

Ваша мать пришла — молока принесла.   _____

Бежит молоко по вымечку,   _____

Из вымечка — по копытечкам,   _____

С копытечка — на зелёную траву.   _____

3. Слушайте отрывок и нумеруйте глаголы в порядке их появления в сказке.

☐ накормит   ☐ напоит

☐ ушла   ☐ уложит

☐ откроют

4. Вспомните, кто из героев прослушанной сказки совершает эти действия.

Жить, зайти, запереть, прийти, увидать, услыхать, уйти.

(волк, коза, козлята)

5. Прослушайте песенку, заполните пропуски в предложениях. Ответьте, кто её поёт?

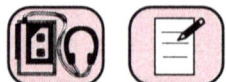

Полны _____ молока.
Полны _____ творога.
Полны _____ водицы.

6. Как козлята поняли, что это не матушкин голосок? Запишите их слова.

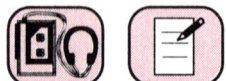

_____

_____

7. Прослушайте и запишите, что наказывала коза козлятам?

_____

_____

_____

8. Слушайте отрывок из сказки и заполняйте пропуски в предложениях предлогами.

Ушла коза снова _____ лес. А волк выскочил _____ куста, побежал ____ кузнецу ____ деревню.

9. Напишите, чего испугался кузнец?

_____

_____

_____

10. Запишите ответы на вопросы.

Каким голосом запел волк? _____

Почему козлята опять поняли, что это волк? _____

Какие ножки у козы? А какие у волка? _____

11. Расположите предложения в порядке их появления в тексте.

- ☐ Прибежал волк к избушке.
- ☐ Видит — баба пироги печёт.
- ☐ Вымажь мне, баба, лапу белой мукой.
- ☐ Вымазала ему лапы белой мукой.
- ☐ Рассердился волк.
- ☐ Белую лапу на окно положил да тонюсеньким голоском и запел.
- ☐ Испугалась баба.
- ☐ Волк и зарычал на неё.
- ☐ Я тебя съем.
- ☐ Побежал в деревню.
- ☐ Побежал волк в лес.

12. Слушайте следующий отрывок и вписывайте пропущенные глаголы.

_____ козлятки: будто матушкин голосок, _____ козлятки матушкину песенку, _____ козлятки белую лапочку. _____ , _____ козлятки дверь, волк и _____ в избу, да всех козляток и_____. Только самый маленький в печку _____ , так волк его и _____ . _____ волк шестерых козлят, _____ в лес, _____ под куст да и _____ крепким сном.

13. Напишите, что увидела коза, когда пришла домой.

Двери _____, лавки _____, стёкла _____.

14. Укажите, как ласково называет коза своих детей.

а) _____ (козлята)
б) _____ (ребята)
в) _____ (дети)

15. Прослушайте отрывок, где рассказывается, как коза отомстила волку. Выберите вариант, точно соответствующий тексту сказки.

1. а) Коза в лес отправилась.
   б) Волк пригласил козу в лес погулять.
   в) Волк прибежал в избушку.

2. а) Стали они через огонь прыгать.
   б) Коза разрезала волку живот ножницами.
   в) Коза заколола волка иголочкой.

3. а) Волк ждал козу.
   б) Коза ждала волка.
   в) Волк под кустом спал.

4. а) Коза вытащила козлят из живота волка.
   б) Волк сам вернул козлят.
   в) Козлята сами выскочили из живота волка.

16. Соответствуют ли тексту сказки приведённые ниже предложения?

1. Козлята были еле живёхоньки.   а) да   б) нет
2. Козе не было радости.   а) да   б) нет
3. Коза наложила волку в живот больших камней.   а) да   б) нет
4. Коза зашила волку живот.   а) да   б) нет
5. Когда волк проснулся, он захотел есть.   а) да   б) нет

17. Прослушайте концовку сказки и выберите правильный ответ.

1. Почему волк упал в колодец?   а) Кто-то потянул его вниз.
                                     б) Тяжёлые камни потянули его вниз.

2. Почему волк утонул?   а) Волк упал в колодец.
                                     б) Волка толкнули в колодец.

18. Запишите, как стали жить коза с козлятами?

_____

_____

Лексико-грамматические задания

1. Найдите междометия и слова с суффиксами субъективной оценки и определите их значение.

***
Идёт коза рогатая,
Идёт коза бодатая,
Ножками топ-топ,
Глазками хлоп-хлоп.
Кто каши не ест,
Молока не пьёт —
Забодает, забодает, забодает.

(Русская народная песенка)

***
Идёт бычок, качается.
Вздыхает **на ходу**:
— Ох, доска кончается,
Сейчас я упаду!

(А. Барто)

На ходу — в движении.

***
Ехал Грека
Через реку,
Видит Грека:
В реке — рак,
Сунул Грека
Руку в реку,
Рак за руку
Греку — цап!

(Пересказал Б. Заходер)

2. Напишите глаголы, соответствующие следующим междометиям.

верть — _____
глядь — _____
морг — _____
нырь — _____
скок — _____
толк — _____
тык — _____

хвать — _____
шварк — _____
шмыг — _____
тресь — _____
тяф-тяф — _____
цап — _____
прыг — _____

3. Найдите в словаре значение следующих междометий.

Алло! Брысь! Кыш! Но! Тпру! Кис-кис! На-на-на! Ам-ам! Ау! Уа! Эка!

4. Напишите стилистически нейтральные формы следующих слов.

Козлятушки, избушка, козлятки, вымечко, копытечко, детушки, копытца, водица, матушка, избушечка, козлёночек, печка.

Целёхонький, миленький, здоровёхонькая, голубенькая, тонюсенькие, плохонькое, живёхонький, красивенькая.

5. Прочитайте стихотворение. Найдите слова с суффиксами субъективной оценки. Задайте вопросы и дайте на них полные ответы в нейтральном стиле по образцу.

О б р а з е ц: *Зачем вскочил козёл на колхозный двор? — Козёл вскочил на колхозный двор, чтобы попросить косу.*

Вскочил козёл
На колхозный двор.
— Зачем вскочил?
— Косу просить.
— Зачем коса?
— Траву косить.
— Зачем трава?
— Лошадей кормить.
— Зачем лошади?
— Дрова возить.
— Зачем дрова?
— Печку топить.
— Зачем топить?
— Колхозным ребяткам
Сладки прянички печь!

(Собрала И. Карнаухова)

6. Задайте вопрос, на который есть ответ в этом стихотворении.

Водичка, водичка,
Умой моё личико,
Чтобы глазоньки блестели,
Чтобы щёчки краснели,
Чтоб смеялся роток,
Чтоб кусался зубок.

(Собрала И. Карнаухова)

7. Напишите, чьи это детёныши.

Котёнок— _____

Жеребёнок — _____

Медвежонок — _____

Лисёнок — _____

Щенок — _____

8. Допишите предложения.

У этой собаки четверо _____ .

У медведицы двое _____ .

У этой кошки шестеро _____ .

У лошади один _____ .

У козы было _____ .

Волк съел _____ .

9. Прочитайте и выучите наизусть скороговорки.

Летели лебеди с лебедятами.
***
На дворе трава, на траве дрова.
***
Шла Саша по шоссе и сосала сушку.

10. Выберите правильный вариант. В затруднительных случаях обращайтесь к словарю и лексическим комментариям.

1) воротиться: а) подойти к воротам
                          б) взять за ворот
                          в) вернуться

2) отворить: а) отпереть
                         б) отварить
                         в) поворачивать

3) впустить:

                а) войти

                б) разрешить войти

                в) разрешить выйти

4) запереться:

                а) закрыть дом и уйти

                б) закрыться в доме

                в) отпереть дверь

5) подслушать:

                а) внимательно слушать

                б) не услышать

                в) услышать тайком

6) причитывать:

                а) читать

                б) плакать

                в) повторять

7) кинуться:

                а) бросить

                б) резко прыгнуть

                в) кинуть

8) схорониться:

                а) спрятаться

                б) хоронить

                в) сидеть

9) горевать:

                а) рассказывать о своём горе

                б) чувствовать во рту горечь

                в) испытывать горе

10) грешить:

                а) говорить о грехе

                б) признаваться в грехе

                в) несправедливо обвинять

11. Вы познакомились со сказками «Волк и козлята» и «Волк и семеро козлят». Прочитайте приведённые ниже русские пословицы и объясните их значение. Скажите, какие из них наиболее подходят к прочитанной сказке.

Как аукнется, так и откликнется.
Око за око.
Не рой яму другому, а то сам в неё попадёшь.

12. О каких человеческих качествах говорится в этих сказках? Какое из следующих суждений наиболее соответствует морали этих сказок?

а) Добро всегда побеждает зло.
б) Зло можно победить только злом.
в) Не делай зла — не получишь зла.

УРОК 4

Послушайте сказку «Заюшкина избушка». Всё ли вам понятно?
Прочитайте сказку сами, познакомьтесь с комментарием.

ЗАЮШКИНА ИЗБУШКА
(Пересказала О. Капица)

Жили-были лиса да заяц. У лисы избушка ледяная, а у зайца — лубяная. Вот лиса и **дразнит** зайца:

— У меня избушка светлая, а у тебя тёмная!.. У меня светлая, а у тебя тёмная!

Пришло лето, у лисы избушка растаяла. Лиса и просится к зайцу:

— Пусти меня, заюшка, хоть на дворик к себе!

— Нет, лиса, не пущу: зачем дразнилась?

Стала лиса **пуще** упрашивать. Заяц и пустил её к себе на двор.

На другой день лиса опять просится:

— Пусти меня, заюшка, на крылечко.

— Нет, не пущу: зачем дразнилась?

Упрашивала, упрашивала лиса. Согласился заяц и пустил лису на крылечко.

На третий день лиса опять просит:

— Пусти меня, заюшка, в избушку.

— Нет, не пущу: зачем дразнилась?

Просилась, просилась, заяц пустил её в избушку. Сидит лиса на лавке, а зайчик — на печи.

На четвёртый день опять лиса просит:

— Заинька, заинька, пусти меня на печку к себе!

— Нет, не пущу: зачем дразнилась?

Просила, просила лиса и выпросила — пустил её заяц и на печку.

Прошёл день, другой — стала лиса зайца из избушки гнать:

— **Ступай вон, косой!** Не хочу с тобой жить!

Так и выгнала.

Сидит заяц и плачет, горюет, лапками слёзы обтирает. Бегут мимо собаки:

— Тяф-тяф-тяф! О чём, заинька, плачешь?

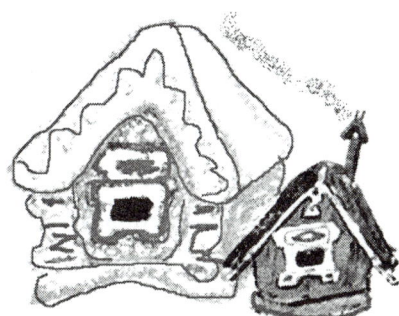

Дразнит (дразнить) — умышленно говорить неприятные слова; злить; давать прозвища.
Пуще — больше, сильнее.
Ступай вон! *(груб.)* — Уходи!
Косой — прозвище зайца.

35

— Как же мне не плакать? Была у меня избушка лубяная, а у лисы — ледяная. Пришла весна, избушка у лисы растаяла. Попросилась лиса ко мне да меня же и выгнала.

— Не плачь, зайчик, — говорят собаки. — Мы её выгоним.

— Нет, не выгоните!

— Нет, выгоним!

Подошли к избушке:

— Тяф-тяф-тяф! Поди, лиса, вон!

А она им с печи:

— **Как выскочу,**
   Как выпрыгну —
   Пойдут клочки
   По заулочкам!

Испугались собаки и убежали.

Опять сидит зайчик и плачет. Идёт мимо волк:

— О чём, заинька, плачешь?

— Как же мне, **серый волк**, не плакать? Была у меня избушка лубяная, а у лисы — ледяная. Пришла весна, избушка у лисы растаяла. Попросилась лиса ко мне да меня же и выгнала.

— Не плачь, зайчик, — говорит волк, — вот я её выгоню.

— Нет, не выгонишь. Собаки гнали — не выгнали, и ты не выгонишь.

— Нет, выгоню.

Пришёл волк к избе и завыл страшным голосом:

— Уыыы… уыыы… Ступай, лиса, вон!

А она с печи:

— Как выскочу,
   Как выпрыгну —
   Пойдут клочки
   По заулочкам!

Испугался волк и убежал.

Вот заяц опять сидит и плачет.

Идёт старый медведь:

— О чём ты, заинька, плачешь?

— Как же мне, медведушка, не плакать? Была у меня избушка лубяная, а у лисы — ледяная. Пришла весна, избушка у лисы растаяла. Попросилась лиса ко мне да меня же и выгнала.

— Не плачь, зайчик, — говорит медведь, — я её выгоню.

— Нет, не выгонишь. Собаки гнали, гнали — не выгнали, серый волк гнал, гнал — не выгнал. И ты не выгонишь.

Как (выскочу, выпрыгну)! — эмоционально-экспрессивная частица (зд.: выражает угрозу).
Серый волк — устойчивое сочетание, народно-поэтический эпитет. Так же: рыжая лиса, косой заяц, косолапый медведь, белый снег.

— Нет, выгоню.

Пошёл медведь к избушке и зарычал:

— Рррр … ррр … Ступай, лиса, вон!

А она с печи:

    — Как выскочу,

    Как выпрыгну —

    Пойдут клочки

    По заулочкам!

Испугался медведь и ушёл.

Опять сидит заяц и плачет. Идёт петух, несёт косу.

— Ку-ка-реку! Заинька, о чём ты плачешь?

— Как же мне, **Петенька**, не плакать? Была у меня избушка лубяная, а у лисы — ледяная. Пришла весна, избушка у лисы растаяла. Попросилась лиса ко мне да меня же и выгнала.

— Не горюй, заинька, я тебе лису выгоню.

— Нет, не выгонишь. Собаки гнали, гнали — не выгнали, серый волк гнал, гнал — не выгнал, старый медведь гнал, гнал — не выгнал. А ты и **подавно** не выгонишь.

— Нет, выгоню.

Пошёл петух к избушке:

    — Ку-ка-ре-ку!

    Иду на ногах,

    В красных сапогах,

    Несу косу на плечах:

    Хочу лису **посечи**.

    Пошла, лиса, с печи!

Услыхала лиса, испугалась и говорит:

— **Одеваюсь**…

Петух опять:

    — Ку-ка-ре-ку!

    Иду на ногах,

    В красных сапогах,

    Несу косу на плечах:

    Хочу лису посечи.

    Пошла, лиса, с печи!

А лиса говорит:

— Шубу надеваю …

Петух в третий раз:

    — Ку-ка-ре-ку!

    Иду на ногах,

    В красных сапогах,

    Несу косу на плечах:

    Хочу лису посечи.

    Пошла, лиса, с печи!

Испугалась лиса, соскочила с печи — да бежать. А заюшка с петухом стали жить да поживать.

Петенька (от «Петя») — нарицательное имя петуха. Также наиболее частотные собственные имена для животных: Борька — кабан; Машка — свинья; Васька — кот; Муся, Василиса — кошка.

Подавно — тем более.

Посечи (*простореч., устар.*) — посечь / зарубить.

Одеваюсь (одеваться) (самому), одевать (кого?) — надевать (что?) на (кого?).

Лексико-грамматический комментарий

I. Относительные имена прилагательные

Обозначают признак, имеющий отношение к другому предмету, времени и месту. Например, сделанный из какого-либо материала или с помощью чего-то: *ледяная* — изо льда; *лубяная* — из луба (часть дерева). Для образования относительных прилагательных используются суффиксы: *-ан-(-ян-), -ов-(-ев), -н-, -ск-* и другие.

кожа/сумка лёд/избушка трава/чай	кож-**ан**-ая сумка лед-**ян**-ая избушка трав-**ян**-ой чай
пар/двигатель рис/каша стол/вино	пар-**ов**-ой двигатель рис-**ов**-ая каша стол-**ов**-ое вино
лес/воздух дорога/знак	лес-**н**-ой воздух дорож-**н**-ый знак
море/воздух университет/образование	мор-**ск**-ой воздух университет-**ск**-ое образование

II. Притяжательные имена прилагательные

Указывают на принадлежность предмета какому-либо живому существу. По способам образования среди притяжательных прилагательных выделяются: прилагательные с суффиксами *-ин-(-нин-), -ов-(-ев-), -ий-(-ья, -ье)*.

петух/хвост матушка/голос сестра/платок брат/карандаш	петуш-**ин**-ый хвост матушк-**ин** голос сестр-**ин** платок брат-**нин** карандаш
отец/шапка зять/пальто	отц-**ов**-а шапка зят-**ев**-о пальто
лиса/хвост медведь/берлога	лис-**ий** хвост медвеж-**ь**-я берлога

При склонении прилагательных с суффиксом *-ий-* последний не получает на письме единообразного буквенного обозначения и передаётся то буквой *й* (*медвежий*), то буквами *ь* и *е* или *ь* и *и* (*медвежьего, медвежьих*), а также другими способами.

Прилагательные с суффиксами *-ин-, -ов-(-ев-)* употребляются в разговорной речи ограниченно, встречаются в устойчивых словосочетаниях (***крокодиловы*** *слёзы,* ***анютины*** *глазки,* ***дамоклов*** *меч,* ***ахиллесова*** *пята*).

Прилагательные с суффиксом *-ий-* могут выражать также относительные и качественные значения, например:

лисья нора — нора лисы (притяжательное значение)

лисья шуба — шуба из меха лисы (относительное значение)

лисья натура — натура как у лисы (качественное значение)

III. Императив (повелительное наклонение). Способы выражения побуждения.

Призыв сделать что-либо вместе. Относится к 1-му лицу — «мы»: *Давай/те* + инфинитив или будущее время. Например: *Давайте играть! Давайте пойдём! Давайте будем встречаться!*

Команда, просьба. Относится ко 2-му лицу — «ты/вы». Например: *Ступай вон! Не плачь, зайчик! Помогите!*

Пожелание, чтобы команду исполнило третье лицо. Относится к 3-му лицу: *Пусть он/она/они* + настоящее время. Например: *Пусть он приходит!*

Другие формы глагола в значении императива:

— инфинитив. Обозначает категоричный приказ. Например: *Стоять! Не бывать! Не летать!*

— настоящее время, 1-е лицо множественного числа: *Идём! (разг.)*

— будущее время, множественное число: *Пойдём!*

— прошедшее время, множественное число: *Пошли! (разг.)*

— прошедшее время, единственное число: *Пошла, лиса, вон! (груб.)*

Лексико-грамматические задания

1. Укажите, от каких слов образованы эти слова.

избушка — _____   свинки — _____

заюшка — _____   кошечки — _____

дворик — _____   уточки — _____

лиска — _____   курочки — _____

крылечко — _____   зверюшки — _____

зайчик — _____   мышки — _____

печка — _____   крылышки — _____

заинька — _____   ушки — _____

медведушка — _____   ножки — _____

Петенька — _____   лапки — _____

воробышек — _____   клочки — _____

заулочки — _____   лисички — _____

2. Подчеркните слова с суффиксами субъективной оценки.

Воробышек, кукушка, заинька, паинька, мышка, кошка, лисички, спички, курчонок, бочонок, бабочка, Мурочка.

3. Найдите в данных стихотворениях:

а) слова с суффиксами субъективной оценки. Объясните значение этих суффиксов;

б) междометия;

в) устойчивые сочетания.

> Мишка косолапый
> По лесу идёт,
> Шишки собирает,
> Песенки поёт.
>
> Шишка отскочила —
> Прямо мишке в лоб.
> Мишка рассердился
> И ногою топ!
>
> ***
> Наша Таня громко плачет,
> Уронила в речку мячик.
> Тише, Танечка, не плачь!
> Не утонет в речке мяч.
>
> *(А. Барто)*

4. Подберите традиционные для русских сказок эпитеты к следующим словам.

_____ волк   _____ сапоги

_____ лиса   _____ заяц

_____ медведь   _____ трава

_____ земля   _____ вода

5. Замените предложенные сочетания относительными прилагательными.

изо льда — _____   из луба — _____

из трав — _____   из земли — _____

из дерева — _____   из пластика — _____

на пару — _____   на воде — _____

6. Составьте словосочетания со следующими словами. Объясните, как вы понимаете значение полученных словосочетаний.

компьютер, класс — _____

брюки, костюм — _____

часы, механизм — _____

школа, учитель— _____

вода, баня — _____

земля, пол — _____

7. Прочитайте стихотворение К. Чуковского и найдите звукоподражательные слова.

ПУТАНИЦА
Корней Чуковский

Замяукали котята:
«Надоело нам мяукать!
Мы хотим, как поросята,
Хрюкать!»

А за ними и утята:
«Не желаем больше крякать!
Мы хотим, как лягушата,
Квакать!»

Свинки замяукали:
Мяу, мяу!

Кошечки захрюкали:
Хрю, хрю, хрю!

Уточки заквакали:
Ква, ква, ква!
Курочки закрякали:
Кря, кря, кря!

Воробышек прискакал
И коровой замычал:
Му-у-у!

Прибежал медведь
И давай реветь:
Ку-ка-ре-ку!

И кукушка на суку:
«Не хочу кричать ку-ку,
Я собакою залаю:
Гав, гав, гав!»

Только заинька
Был **паинька**:
Не мяукал
И не хрюкал —
Под капустою лежал,

По-заячьи **лопотал**
И зверюшек неразумных
Уговаривал:

«Кому велено чирикать —
Не мурлыкайте!

41

Кому велено мурлыкать —
Не чирикайте!
Не бывать вороне коровою,
Не летать лягушатам под облаком!»

Но весёлые зверята —
Поросята, медвежата —
Пуще прежнего шалят,
Зайца слушать не хотят.

Рыбы по полю гуляют,
Жабы по небу летают,
Мышки кошку изловили,
В мышеловку посадили.

А лисички
Взяли спички,
К морю синему пошли,
Море синее зажгли.

Море пламенем горит,
выбежал из моря кит:
«Эй, пожарные, бегите!
Помогите, помогите!»

Долго, долго крокодил
Море синее тушил
Пирогами и блинами,
И сушёными грибами.

Прибегали два **курчонка**,
Поливали из бочонка.
Приплывали два ерша,
Поливали из ковша.

Прибегали лягушата,
Поливали из ушата.

Пуще — больше.
Курчонок — придуманное автором слово по аналогии со словом «цыплёнок».

Тушат, тушат — не потушат,
Заливают — не зальют.

Тут бабочка прилетела,
Крылышками помахала,
Стало море потухать —
И потухло.

Вот обрадовались звери!
Засмеялись и запели,
Ушками захлопали,
Ножками затопали.

Гуси начали опять
По-гусиному кричать:
Га-га-га!

Кошки замурлыкали:
Мур-мур-мур!

Птицы зачирикали:
Чик-чирик!

Лошади заржали:
И-и-и!

Лягушата квакают:
Ква-ква-ква!

А утята крякают:
Кря-кря-кря!

Поросята хрюкают:
Хрю-хрю-хрю!

Мурочку баюкают
Милую мою:
Баюшки-баю!
Баюшки-баю!

8. Заполните таблицу.

кот	кошка	котёнок	котята	мяу-мяу	мяукать
			поросята		
			утята		
			лягушата		
	курица				
				уыыы	выть
воробей					
	корова				
медведь					
	кукушка				
	собака				
заяц					
	мышь				
	лиса				
гусь					
	лошадь				
	муха				

9. Составьте словосочетания по образцу.

О б р а з е ц: избушка заюшки — *заюшкина избушка*
избушка зайца — *заячья избушка*

берлога медведя — _____

нора лисы — _____

хвост петуха — _____

гнездо птицы — _____

клетка кролика — _____

яма для волка — _____

молоко коровы — _____

рога козы — _____

крылья гуся — _____

лапки курицы — _____

10. Подберите к словосочетаниям слева сходные по значению выражения справа.

1) лисий воротник

    а) воротник из лисьего меха
    б) мех вокруг шеи лисы

2) птичье лицо

    а) лицевая часть головы птицы
    б) лицо человека, похожее на птицу

3) волчий нрав

    а) характер как у волка
    б) поведение волка

4) медвежья походка

    а) тяжёлая походка
    б) походка медведя

5) гусиная кожа

    а) кожа гуся
    б) кожа мёрзнущего человека

6) куриные мозги

    а) узкий кругозор
    б) мозги курицы

11. Определите притяжательное, относительное и качественное значения прилагательных в данных словосочетаниях. Запишите эти словосочетания в три столбика.

Птичье гнездо, птичье лицо, птичье мясо.
Кроличьи клетки, кроличьи шкурки, кроличьи уши.
Волчьи зубы, волчьи нравы, волчья шапка.
Коровий желудок, коровье мясо, коровьи глаза.
Лисий выводок, лисий воротник, лисья повадка.
Медвежья лапа, медвежья походка, медвежья доха.
Гусиные яйца, гусиная шея, гусиная лапша.
Куриный бульон, куриное перо, куриный кругозор.

Притяжательные	Относительные	Качественные

12. Объясните значение и происхождение приведённых ниже устойчивых словосочетаний. В случае необходимости пользуйтесь толковым, фразеологическим и этимологическим словарями.

Дамоклов меч, анютины глазки, прокрустово ложе, куриная слепота, ахиллесова пята, сизифов труд, крокодиловы слёзы, Ноев ковчег, авгиевы конюшни, кукушкины слёзки, соломоново решение, христово воинство, танталовы муки, кесарево сечение, иудин грех, телячьи нежности, медвежья услуга.

13. Вставьте в данные предложения подходящие по смыслу устойчивые словосочетания из упражнения № 12.

Его лодка, словно _____, одиноко качалась среди безбрежного моря.

На столе в вазочке стояли _____, украшая скромное её существование.

Я стал плохо видеть по вечерам. Неужели у меня _____?

Вы должны хорошо узнать своего противника. Выясните, есть ли у него _____.

Я в отчаянии! Что бы ни делал, всё зря. Это настоящий _____.

Не верю ни единому её слову! Пусть даже не льёт _____.

Он всегда был надёжен и трудолюбив, поэтому, когда надо было вычищать _____, посылали его.

Я понимаю, что вас не устраивает ни один из предложенных мною вариантов, и я вынужден принимать _____.

Никак не могу начать это дело. Душа не лежит. А оно надо мной, как _____.

Поздравляю вас с рождением сына! Я слышал, что у вашей жены были проблемы, и ей пришлось делать _____.

Кошечка, рыбка, миленькая! Не говори мне этих слов. И вообще не люблю я этих _____.

14. Вы прочитали сказку «Заюшкина избушка». Прочитайте приведённые ниже русские пословицы и объясните их значение. Скажите, какие из них наиболее подходят к прочитанной сказке.

Друг познаётся в беде.
Мягко стелет, да жёстко спать.
Не имей сто рублей, а имей сто друзей.

15. О каких положительных и отрицательных человеческих качествах говорится в этой сказке?

Послушайте сказку «Заяц-хваста». Всё ли вам понятно?
Прочитайте сказку сами, познакомьтесь с комментарием справа.

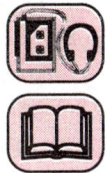

ЗАЯЦ-ХВАСТА
(Пересказал А. Толстой)

Жил-был заяц в лесу. Летом ему было хорошо, а зимой плохо — приходилось к крестьянам на гумно ходить, овёс воровать.

Приходит он к одному крестьянину на гумно, а тут уж стадо зайцев. Вот он и начал им хвастать:

— У меня не усы, а усищи, не лапы, а лапищи, не зубы, а зубищи — я никого не боюсь.

Зайцы и рассказали тётке вороне про этого хвасту. Тётка ворона пошла хвасту разыскивать и нашла его под корягой.

Заяц испугался:

— Тётка ворона, я больше не буду хвастать!

— А как ты хвастал?

— А так: у меня не усы, а усищи, не лапы, а лапищи, не зубы, а зубищи.

Вот она его маленько и потрепала:

— Боле не хвастай!

Раз сидела ворона на заборе, собаки её подхватили и давай мять, а заяц это увидел:

«Как бы вороне помочь?»

Выскочил на горочку и сел. Собаки увидали зайца, бросили ворону — да за ним, а ворона опять на забор. А заяц от собак ушёл.

Немного погодя ворона опять встретила этого зайца и говорит ему:

— А ты молодец: не хваста, а храбрец!

Гумно́ (совр. синоним — ток) — площадка, куда свозят убранную пшеницу и другое зерно.

Стадо — группа животных одного вида (но: стая птиц; также: волчья стая).

Хвастать — хвалить себя.

Хва́ста = хвастун — прозвище хвастливого человека.

Коряга — кусок сваленного дерева.

Потрепала (потрепать) — наказать, побить.

Боле (простореч.) — больше.

Мять — бить.

Заяц от собак ушёл (уйти) — зд.: убежал, скрылся.

Немного погодя — через некоторое время.

Лексико-грамматический комментарий

I. Суффиксы субъективной оценки существительных и прилагательных

Наряду с уменьшительно-ласкательными и уничижительными в русском языке имеются суффиксы существительных и прилагательных с увеличительным значением.

Существительные: *усищи* — большие усы; *лапищи* — большие лапы; *зубищи* — большие зубы.

-ищ-	дом — дом-**ищ**-е, бык — быч-**ищ**-е, человек — человеч-**ищ**-е сосна — сосн-**ищ**-а, рука — руч-**ищ**-а, нога — нож-**ищ**-а, окно — окн-**ищ**-е, ведро — ведр-**ищ**-е усы — ус-**ищ**-и, лапы — лап-**ищ**-и, зубы — зуб-**ищ**-и

После суффикса *-ищ-* существительные женского рода имеют окончание *-а*, а существительные мужского и среднего рода — окончание *-е*.

Прилагательные: *высоченный* — очень высокий, *длиннющий* — очень длинный, *величайший* — чрезвычайно великий.

-енн-	здоровый — здоров-**енн**-ый
-ющ-	длинный — длинн-**ющ**-ий
-айш-	великий — велич-**айш**-ий
-ейш-	прекрасный — прекрасн-**ейш**-ий

II. Приложение

Приложение — это определение, выраженное именем существительным или сочетанием слов. Приложение уточняет и характеризует предмет или лицо, даёт ему эмоциональную оценку. Например: *заяц-хваста (заяц-хвастун)* — хвастливый заяц, *старушка-зайчиха* — старая зайчиха, *Заяц-Длинные Уши-Косые Глаза-Короткий Хвост* — заяц с длинными ушами, косыми глазами и коротким хвостом, *Коза-Жёлтые Глаза* — коза с жёлтыми глазами.

В роли приложения может выступать прозвище, которое часто используется в качестве обращения, например: *Эй ты, **Косой глаз**, как, ты и волка не боишься?*

III. Обращение

Обращение представляет собой слово или группу слов, которые называют того, к кому обращена речь. Обращения выражаются существительными и прилагательными в форме (1) именительного падежа.

Формы обращения разнообразны и зависят от ситуации общения, статуса говорящего и статуса того, к кому относится обращение.

48

Официальные	Господин Иванов! Госпожа Иванова! Уважаемые господа!
Обращение к знакомым по имени-отчеству	Мария Ивановна! Иван Петрович! В сказках: медведя зовут Михайло Иванович, а лису Лизавета Ивановна.
Обращение к близким друзьям и знакомым по имени: используют краткие и уменьшительно-ласкательные имена; термины родства; уменьшительно-ласкательные формы слов, обозначающих животных	Саша! Танечка! Мама! Папа! Дед! Баба! Доченька! Сынок! дядя Саша! дед Петя! тётя Вера! баба Таня! Малыши: папа Миша! мама Зина! Рыбка! Кошечка! Птичка!
Неофициальное обращение к незнакомым людям	Мать! Отец! — к пожилым людям. Мамаша! — в д/саду, в больнице. Тётя! Тётенька! — обычно дети. Бабуля! Бабуся! Дедуля! Дедуся! — просторечные обращения к посторонним на улице, в транспорте.
Экспрессивно-эмоциональные обращения употребляются ограниченно и выражают отношение говорящего к называемому лицу	Дружок! Дружочек! Миленький! Дорогая! — симпатия и любовь. Тру́сы! — обидное, оскорбительное обращение. Брат! — выражение симпатии и признания того, что лицо принадлежит к своему кругу. Косой! — грубое обращение с указанием на физическую особенность зайца — косоглазие.

Текст для аудирования

Послушайте «Сказку про храброго Зайца-Длинные Уши-Косые Глаза-Короткий Хвост». Прочитайте комментарий справа. Выполните задания после текста.

СКАЗКА
ПРО ХРАБРОГО ЗАЙЦА-ДЛИННЫЕ УШИ-КОСЫЕ ГЛАЗА-КОРОТКИЙ ХВОСТ
Д. Мамин-Сибиряк

Родился зайчик в лесу и всего боялся. Треснет где-нибудь сучок, вспорхнёт птица, упадёт с дерева ком снега — у зайчика душа в пятки.

Боялся зайчик день, боялся два, боялся неделю, боялся год, а потом вырос он большой, и вдруг надоело ему бояться.

— Никого я не боюсь! — крикнул он на весь лес. — Вот не боюсь нисколько, и всё тут.

Собрались старые зайцы, сбежались маленькие зайчата, приплелись старые зайчихи — все слушают, как хвастается Заяц-Длинные Уши-Косые Глаза-Короткий Хвост, — слушают и своим собственным ушам не верят. Не было ещё, чтобы заяц не боялся никого.

— Эй ты, Косой Глаз, как, ты и волка не боишься?

— И волка не боюсь, и лисицы, и медведя — никого не боюсь.

Это выходило уж совсем забавно. Хихикнули молодые зайчата, прикрыв мордочки передними лапками, засмеялись добрые старушки-зайчихи, улыбнулись даже старые зайцы, побывавшие в лапах у лисы и отведавшие волчьих зубов.

Очень уж смешной заяц!.. Ай, какой смешной!.. И всем вдруг сделалось весело.

Начали кувыркаться, прыгать, скакать, перегонять друг друга, точно все с ума сошли.

— Да что тут долго говорить! — кричал расхрабрившийся окончательно заяц. — Ежели мне попадётся волк, так я его сам съем...

Ах, какой смешной заяц! Ах, какой он глупый!.. Все видят, что и смешной и глупый, и все смеются. Кричат зайцы про волка, а волк — тут как тут.

Ходил он, ходил по лесу по своим волчьим делам, проголодался и только подумал: «Вот бы хорошо зайчиком закусить!» — как слышит, что где-то совсем близко зайцы кричат и его, серого волка, поминают.

Сейчас он остановился, понюхал воздух и начал подкрадываться.

Совсем близко подошёл волк к разыгравшимся зайцам, слышит, как они над ним смеются, а всех

Душа в пятки — страшно, в страхе.
И всё тут — конец.
Приплелись (приплестись) — пришли еле-еле.
Собственным ушам не верят — совсем не верят.
Как (простореч.) — неужели.
Это выходило совсем уж забавно — это становилось забавным.
Хихикнули (хихикнуть) — засмеяться тихонько, незаметно, неслышно.
Отведавшие (отведать) — попробовать.
Всем сделалось весело — всем стало весело.
Точно — как будто; как.
Ежели мне попадётся волк — если мне встретится волк.
Тут как тут — т. е. появился неожиданно.
Поминают (поминать) — вспоминать.

больше — хвастун-заяц Длинные Уши-Косые Глаза-Короткий Хвост.

«Э, брат, погоди, вот тебя-то я и съем!» — подумал серый волк и начал выглядывать, который заяц хвастается своей храбростью. А зайцы ничего не видят и веселятся пуще прежнего. Кончилось тем, что хвастун-заяц взобрался на пенёк, уселся на задние лапки и заговорил:

— Слушайте, вы, трусы! Слушайте и смотрите на меня. Вот я сейчас покажу вам одну штуку. Я... я... я...

Тут язык у хвастуна точно примёрз. Заяц увидел глядевшего на него волка. Другие не видели. А он видел и не смел дохнуть. А дальше случилась совсем необыкновенная вещь.

Заяц-хвастун подпрыгнул вверх, точно мячик, и со страху упал прямо на широкий волчий лоб, кубарем прокатился по волчьей спине, перевернулся ещё раз в воздухе и потом задал такого стрекача, что, кажется, готов был выскочить из собственной кожи.

Долго бежал несчастный зайчик, бежал, пока совсем не выбился из сил.

Ему всё казалось, что волк гонится по пятам и вот-вот схватит его своими зубами.

Наконец совсем обессилел бедняга, закрыл глаза и замертво свалился под куст. А волк в это время бежал в другую сторону.

Когда заяц упал на него, ему показалось, что кто-то в него выстрелил.

И волк убежал. Мало ли в лесу других зайцев можно найти, а этот был какой-то бешеный.

Долго не могли прийти в себя остальные зайцы. Кто удрал в кусты, кто спрятался за пенёк, кто завалился в ямку.

Наконец надоело всем прятаться, и начали понемногу выглядывать кто похрабрее.

— А ловко напугал волка наш заяц! — решили все. — Если бы не он, так не уйти бы нам живыми. Да где же он, наш бесстрашный заяц?..

Начали искать.

Ходили, ходили, нет нигде Храброго Зайца. Уж не съел ли его другой волк? Наконец-таки нашли: лежит в ямке под кустами и еле жив от страха.

— Молодец, Косой! — вскричали все зайцы в один голос. — Ай да Косой!.. Ловко ты напугал старого волка. Спасибо, брат! А мы думали, что ты хвастаешь.

Храбрый Заяц сразу приободрился. Вылез из своей ямки, встряхнулся, прищурил глаза и проговорил:

— А вы как думали! Эх вы, трусы!..

С этого дня Храбрый Заяц начал сам верить, что он действительно никого не боится.

Язык точно примерз — он замолчал от неожиданности, страха.

Не смел дохнуть — боялся дышать.

Кубарем — вертясь (при падении).

Задал (задать) стрекача — быстро побежал прочь.

Выбился (выбиться) из сил — устал, обессилел.

Гонится (гнаться) по пятам — догоняет, не отстаёт.

Замертво — как мёртвый.

Прийти в себя — успокоиться.

Удрал (удрать) (разг.) — убежал.

Завалился (завалиться) — упал (тяжело).

Ловко — умно, хитро.

Наконец-таки — частица «таки» с усилительно-уступительным значением.

Задания для аудирования к сказке «Про храброго Зайца-Длинные Уши-Косые Глаза-Короткий Хвост»

1. Запишите однокоренные слова с суффиксами субъективной оценки, которые вы услышали в сказке.

заяц — _____

сук — _____

морда — _____

лапы — _____

старухи — _____

пень — _____

мяч — _____

яма — _____

2. Запишите однокоренные слова без суффиксов субъективной оценки, которые встречаются в прослушанной сказке.

заяц — _____

хвастун — _____

храбрый — _____

волк — _____

3. Слушайте и записывайте услышанные междометия. Объясните их значение.

_____

_____

4. Подберите из левой колонки синонимы к словам и выражениям в правой колонке.

1) трепать/потрепать	1) тихо засмеяться
2) удрать	2) хвалиться
3) хвастать	3) стало весело
4) душа в пятках	4) умно/хитро
5) выходило забавно	5) мять
6) сделалось весело	6) как мертвый
7) хихикнуть	7) убежать
8) точно	8) страшно
9) ежели	9) становилось забавно
10) поминать	10) вертясь
11) кубарем	11) если
12) замертво	12) как будто
13) прийти в себя	13) успокоиться
14) ловко	14) вспоминать

5. Выберите подходящее по смыслу толкование данных выражений.

1. Вот не боюсь нисколько, и всё тут!   а) больше ничего не боюсь
                                                         б) совсем не боюсь

2. ... собственным ушам не верят.   а) совсем не верят
                                                          б) ничему не верят

3. ... точно все с ума сошли.   а) как будто потеряли голову
                                                          б) как будто все точно решили

Лексико-грамматические задания

1. Замените словосочетание словом с суффиксом субъективной оценки.

огромные зубы — _____
большие лапы — _____
очень длинные усы — _____

2. Заполните таблицу.

усы	усики	усищи
	зубки	
дом		
	ручка	
		ножища
окно		
бык		
	сосенка	
		человечище
гора		

3. Найдите в приведённых ниже русских народных песенках слова с суффиксами субъективной оценки, приложения и обращения.

Радуга-дуга,
Не давай дождя!
Давай солнышка —
Колоколнышка.

***
Козушка-белоногушка
По лесу ходила,
Волка дразнила:
— А я волка не боюсь,
Я серого не страшусь:
Я от серого от волка
Под берёзой схоронюсь.

4. Образуйте приложения от данных словосочетаний.

храбрый заяц — _____

хвастливый заяц — _____

коза с жёлтыми глазами — _____

заяц с длинными ушами — _____

5. Определите значение следующих приложений.

Строитель-кореец, брат-студент, художник-самоучка, солдат-герой, читатель-книголюб.

6. Определите по словарю прямое значение (Чей это голос?) и переносное значение глаголов, образованных от междометий.

мяукать	хрюкать	крякать
квакать	кудахтать	чирикать
мычать	рычать	куковать
лаять	гавкать	тявкать
лопотать	пищать	гоготать
ржать	жужжать	

7. Образуйте глаголы от междометий и установите их значение.

Хи-хи! — _____

Ах! — _____

Ой! — _____

Тук-тук-тук! — _____

Ох! — _____

Ха-ха-ха! — _____

8. Вы познакомились со сказками «Заяц-хваста» и «Сказкой про Зайца-Длинные Уши-Косые Глаза-Короткий Хвост». Прочитайте приведённые ниже русские пословицы и объясните их значение. Скажите, какие из них наиболее подходят к прочитанным сказкам.

Мал, да удал.

Маленький, да удаленький.

Мала птичка, да коготок востёр.

У страха глаза велики.

Сам погибай, а товарища выручай.

О каких человеческих качествах говорится в этих сказках?

Послушайте сказку «Петушок-золотой гребешок». Всё ли вам понятно? Прочитайте сказку сами, познакомьтесь с комментарием справа.

ПЕТУШОК-ЗОЛОТОЙ ГРЕБЕШОК
(Пересказал А. Толстой)

Жили-были кот, дрозд да петушок-золотой гребешок. Жили они в лесу, в избушке. Кот да дрозд ходят в лес дрова рубить, а петушка одного оставляют.

Уходят — строго наказывают:

— Мы пойдём далеко, а ты оставайся домовничать, да голоса не подавай, когда придёт лиса, в окошко не выглядывай.

Проведала лиса, что кота и дрозда дома нет, прибежала к избушке, села под окошко и запела:

— Петушок, петушок,

Золотой гребешок,

Масляна головушка,

Шёлкова бородушка,

Выгляни в окошко,

Дам тебе горошку.

Петушок и выставил головку в окошко. Лиса схватила его в когти, понесла в свою нору.

Закричал петушок:

— Несёт меня лиса

За тёмные леса,

За быстрые реки,

За высокие горы...

Кот и дрозд, спасите меня!..

Кот и дрозд услыхали, бросились в погоню и отняли у лисы петушка.

В другой раз кот и дрозд пошли в лес дрова рубить и опять наказывают:

— Ну, теперь, петух, не выглядывай в окошко, мы ещё дальше пойдём, не услышим твоего голоса.

Они ушли, а лиса опять прибежала к избушке и запела:

Домовничать — оставаться дома для присмотра за хозяйством.

Проведала (проведать) — узнала.

Бросились (броситься) в погоню — побежали за...

Отняли (отнять) — отобрали.

— Петушок, петушок,

Золотой гребешок,

Масляна головушка,

Шёлкова бородушка,

Выгляни в окошко,

Дам тебе горошку.

Петушок сидит и помалкивает . А лиса — опять:

— Бежали ребята,

Рассыпали пшеницу,

Куры клюют ,

Петухам не дают...

Петушок и выставил головку в окошко:

— Ко-ко-ко! Как — не дают?!

Лиса схватила его в когти, понесла в свою нору. Закричал петушок:

— Несёт меня лиса

За тёмные леса,

За быстрые реки.

За высокие горы...

Кот и дрозд, спасите меня!

Кот и дрозд услыхали, бросились в погоню. Кот бежит, дрозд летит... Догнали лису — кот дерёт , дрозд клюёт , и отняли петушка.

Долго ли, коротко ли , опять собрались кот да дрозд в лес дрова рубить. Уходя, строго-настрого наказывают петушку:

— Не слушай лисы, не выглядывай в окошко — мы ещё дальше уйдём, не услышим твоего голоса.

И пошли кот и дрозд далеко в лес дрова рубить. А лиса тут как тут — села под окошко и поёт:

— Петушок, петушок,

Золотой гребешок,

Масляна головушка,

Шёлкова бородушка,

Выгляни в окошко,

Дам тебе горошку.

Петушок сидит, помалкивает. А лиса — опять:

— Бежали ребята,

Рассыпали пшеницу,

Куры клюют,

Петухам не дают...

Петушок всё помалкивает. А лиса — опять:

— Люди бежали,

Орехов насыпали,

Куры-то клюют,

Петухам не дают...

Помалкивает (помалкивать) — молчит.

Клюют (клевать) — едят (о птицах).

Дерёт (драть) — рвать, царапать.

Клюёт — зд.: бьёт клювом.

Долго ли, коротко ли — через некоторое время.

Тут как тут — сразу, вдруг появиться.

Петушок и выставил головку в окошко:

— Ко-ко-ко! Как — не дают?!

Лиса схватила его в когти и понесла в свою нору, за тёмные леса, за быстрые реки, за высокие горы…

Сколько петушок ни кричал, ни звал, кот и дрозд не услышали его. А когда вернулись домой — петушка-то и нет.

Побежали кот и дрозд по лисицыным следам. Кот бежит, дрозд летит… Прибежали к лисицыной норе. Кот настроил гусельцы и давай **натренькивать**:

— Трень-брень, гусельцы,
Золотые струночки…
Ещё ли дома **Лисафья**-кума,
Во своём ли тёплом гнёздышке?

Лисица слушала, слушала и думает: «Дай-ка посмотрю, кто это так хорошо на гуслях играет, сладко напевает».

Взяла да и вылезла из норы. Кот и дрозд её схватили и давай бить-колотить. Лиса **еле ноги унесла**.

Взяли они петушка, посадили в **лукошко** и принесли домой. И с тех пор стали жить да быть, да и теперь живут.

Натренькивать *(простореч.)* = бренчать *(простореч.)* — играть, беспорядочно перебирая струны.

Лисафья — вымышленное имя, производное от слова «лиса» по аналогии с женскими именами Агафья, Софья.

Еле ноги унесла — едва убежала.

Лукошко — корзинка.

Лексико-грамматический комментарий

I. Частицы

Частицами называются слова, которые обычно не имеют самостоятельного значения, а вносят дополнительные оттенки в значения других слов, например, эмоционально-экспрессивные, усилительно-ограничительные, модальные и др.

-то -таки	Выделительно-ограничительные частицы. Вносят яркий добавочный оттенок экспрессивности	*Петушка-то* и нет (неприятное открытие). *Куры-то* клюют, петухам не дают (зависть). ...вот *тебя-то* и съем («именно тебя» — желание, предвкушение). *Наконец-таки* нашли (удовлетворение).
ни	Отрицательно-усилительная частица. Придаёт обобщающее значение рядом стоящему числительному *сколько* (*сколько ни* — долго), местоимениям *какой, что* и др. (*какой ни* — любой, всякий)	например: *Сколько ни* звала, *ни* причитывала — никто не отвечает. — Долго звала, долго причитывала, никто не ответил. *Сколько* петушок *ни* кричал, *ни* звал... — Долго петушок кричал и звал.
-ка	Модально-волевая частица. В разговорной речи с формами повелительного наклонения смягчает императивность	*скажи-ка, дай-ка, дайте-ка, давай-ка почитаем*
давай	Выражает начало действия	...давай рассказывать — начали рассказывать
бы	Сочетает в себе оттенки сослагательности и желательности	Как *бы* вороне помочь! — хочет помочь вороне, но не знает как.
как	Эмоционально-экспрессивная частица. Употребляется преимущественно в восклицательных предложениях	*Как* — не дают! (возмущение) *Как* же мне не плакать! (отчаяние) *Как* выскочу, *как* выпрыгну! (угроза)

II. Некоторые особенности употребления родительного падежа

В русском языке существуют вариантные формы имён существительных мужского рода в Родительном падеже (2): *-а(-я) — -у(-ю): стакан чая = стакан чаю.*

Для стилей современного русского литературного языка характерно активное употребление форм *-а(-я)*.

Форма на *-у(-ю)* сохраняет разговорный оттенок и употребляется при обозначении количества или части от целого перед существительным без определения.

принести кипятку	принести *горячего* кипятка
бочка мёду	вкус мёда

Как правило, имена существительные с суффиксами -ок(-ек) употребляются с окончанием -у: дам тебе *горошку*.

В отдельных случаях формы на -а(-я) имеют иное значение, чем формы на -у(-ю).

уйти из дом**у** (на работу)	уйти из дом**а** (в другую семью)
выйти из дом**у** (из своего дома, квартиры)	выйти из дом**а** (из здания)

Лексико-грамматические задания

1. Образуйте однокоренные слова, стилистически не окрашенные.

петушок — _____

гребешок — _____

головушка — _____

бородушка — _____

горошек — _____

гусельцы — _____

струночки — _____

гнёздышко — _____

2. К данным словам подберите в сказке «Петушок-золотой гребешок» эпитеты, традиционные для фольклорного языка.

_____ гребешок   _____ головушка

_____ бородушка   _____ леса

_____ реки   _____ горы

3. Найдите в приведённом ниже стихотворении междометия, частицы, слова с суффиксами субъективной оценки. Объясните их значение.

ГДЕ МОЙ ПАЛЬЧИК?
Н. Саконская

Маша варежку надела.
— Ой, куда я пальчик дела?
Нету пальчика, пропал,
В свой домишко не попал!

Маша варежку сняла.
— Поглядите-ка, нашла!
Ищешь, ищешь — и найдёшь.
Здравствуй, пальчик!
Как живёшь?

Нету *(разг.)* — нет.

4. Подберите соответствующие междометия к данным глаголам.

натренькивать _____   охать _____

ахнуть _____   стучать _____

ойкнуть _____   прыгнуть _____

шастать _____   скакать _____

5. Подберите синонимы к словам и выражениям, используя глаголы из задания № 4.

играть на музыкальном инструменте, беспорядочно перебирая струны — _____

вскрикнуть от неожиданности — _____

ходить туда-сюда без особой цели, мешая другим — _____

причитывать — _____

вскрикнуть от прикосновения к горячему — _____

6. Измените следующие предложения по образцу, используя частицы из скобок.

О б р а з е ц: *Подойди сюда, пожалуйста (-ка). — Подойди-ка сюда, пожалуйста.*

Мы побывали во многих местах, но нигде не видели такой красивой природы (ни).

Начинай скорее работать! (давай)

Хочу научиться свободно говорить на русском языке, но не знаю как (бы).

Это возмутительно, что он разговаривает так грубо (как).

Будьте добры, дайте карандаш (-ка).

Все на месте, а экскурсовода нет (-то). — Нет (как)? Не представляю, как мы пойдем на экскурсию. — Ну вот, наконец, пришёл (-таки).

6. Употребите в данных предложениях слова из скобок в нужной форме.

Будьте добры, принесите стакан_____(чай).

Я бы с удовольствием выпил горячего _____(чаёк).

Вам принести горячего _____(чай)?

Выгляни в окошко, дам тебе _____(горошек).

На полу стоял мешок _____(горох).

В этом блюде мало остроты. Добавь _____ и _____(перец, чеснок).

Давай сварим _____(кофеёк), посидим и поговорим спокойно.

Из кухни донёсся аппетитный запах _____(кофеёк).

Дайте, пожалуйста, килограмм российского _____(сыр).

Он рано ушёл из _____(дом), чтобы самому устраивать свою жизнь.

В котором часу вы вышли сегодня из _____(дом)?

Уже очень поздно, разрешите, я провожу вас до _____(дом)?

Строители не могут работать, так как нет _____(лес).

За нашим домом уже нет _____(лес), как раньше. Сейчас там настроено много новых домов.

7. Вы познакомились со сказкой «Петушок-золотой гребешок». Прочитайте приведённые ниже русские пословицы и объясните их значение. Скажите, какие из них наиболее подходят к прочитанной сказке.

Бережёного бог бережёт.

Доверяй, но проверяй.

Мягко стелет, да жёстко спать.

8. О каких человеческих качествах говорится в этой сказке?

Послушайте сказку «Мужик и медведь». Всё ли вам понятно?
Прочитайте сказку сами, познакомьтесь с комментарием справа.

МУЖИК И МЕДВЕДЬ
(Пересказал А. Толстой)

Поехал мужик в лес репу сеять. Пашет там да работает. Пришёл к нему медведь:

— Мужик, я тебя **сломаю**.

— Не ломай меня, медведюшка, лучше давай вместе репу сеять. Я себе возьму хоть корешки, а тебе отдам вершки.

— Быть так, — сказал медведь. — А **коли** обманешь, так в лес ко мне хоть не езди. Сказал и ушёл в **дуброву**.

Репа выросла крупная. Мужик приехал осенью копать репу. А медведь из дубровы вылезает:

— Мужик, давай репу делить, мою **долю** подавай.

— Ладно, медведюшка, давай делить: тебе вершки, мне корешки.

Отдал мужик медведю всю **ботву**, а репу наклал на воз и повёз продавать. Навстречу ему медведь:

— Мужик, куда ты едешь?

— Еду, медведюшка, в город корешки продавать.

— Дай-ка попробовать, каков корешок.

Мужик дал ему репу. Медведь как съел:

— А-а, — заревел. — Мужик, обманул ты меня! Твои корешки сладеньки. Теперь не езжай ко мне в лес по дрова, а то заломаю.

На другой год мужик посеял на том месте рожь. Приехал жать, а уж медведь его поджидает:

— Теперь меня, мужик, не обманешь, давай мою долю!

Мужик говорит:

— Быть так. Бери, медведюшка, корешки, а я себе возьму хоть вершки.

Собрали они рожь. Отдал мужик медведю корешки, а рожь наклал на воз и увёз домой. Медведь **бился**, бился, ничего с корешками сделать не мог. Рассердился он на мужика, и с тех пор у медведя с мужиком **вражда пошла**.

Сломаю (сломать) — убью (совр. «сломить характер» — подчинить).
Коли — если.
Дуброва — лес из дубов.
Доля — часть.
Ботва — зелёная часть овощных культур (у картофеля, помидоров и др.).
Бился (биться) — старался что-нибудь сделать.
Вражда пошла — стали врагами.

Лексико-грамматический комментарий

Крестьянский труд / сельскохозяйственные работы

Для России и русского человека работа на земле всегда имела особое значение. Тысячи современных граждан России проводят выходные дни в трудах на собственных дачных участках, дачах. Сельскохозяйственная тема не только одна из важнейших тем официальных выпусков радио- и теленовостей, но и вечная тема для обсуждения простых российских людей.

Посадка	пахать	что? (4) поле чем? (5) плугом
	копать	что? (4) грядки, огород чем? (5) лопатой, мотыгой, вилами
	сеять =	что? (4) семена, огурцы, редис, рассаду
	сажать/посадить = садить (простореч.)	репу, огурцы, помидоры, картофель, цветы
Обработка	полоть = пропалывать	сорняки, грядки
Сбор урожая	собирать	урожай, грибы
	копать	картофель, морковь, свёклу
	жать	рожь, пшеницу
	косить	траву
	рвать	редиску, лук, цветы, ягоды

Лексико-грамматические задания

1. Выделите слова с суффиксами субъективной оценки и определите их значения.

Медведюшка, корешки, вершки, корешок, мужик.

2. Образуйте уменьшительно-ласкательные формы прилагательных.

тонкий — _____

сладкие — _____

хороший — _____

красивая — _____

добрый — _____

весёлый — _____

умные — _____

рыжие — _____

милая — _____

3. Употребите следующие существительные в сочетаниях с прилагательными, имеющими суффиксы субъективной оценки.

О б р а з е ц: *Дружок. — Миленький дружок.*

Дружок, голосок, песенка, ребёнок, девчонка, личико, глазки, носик, прянички.

4. Объясните значения данных слов. В затруднительных случаях пользуйтесь словарём.

Дубрава, березняк, ельник.

5. Найдите в приведённых народных песенках слова с суффиксами субъективной оценки и дайте их стилистически не окрашенный вариант. Найдите приложения и определите, какие из них употреблены в составе обращения.

Пошли коровушки
Около дубровушки.
Пошли овечки
Около речки.
Кулик-самолёт
Прилетел в огород.

***
Сорока-ворона
Кашку варила,
На порог скакала,
Деток поджидала.
Дети прибежали,
Кашу расхватали:
Этот — в поварёшку,
Этот — в горшок,
Этот — в масленичек.
А ты, толстый-короткий,
Тряси бородкой:
Воду не носил,
Дрова не рубил,
Кашу не хвалил.
А теперь-ко ты
Принеси воды.
Взял лукошко
Да через ладошку,
Да через ручонку,
Да к речонке —
Зачерпнул, зачерпнул,
Зачерпнул!

(Собрала И. Карнаухова)

6. Составьте предложения на тему сельскохозяйственного труда. Используйте слова из Лексико-грамматического комментария и данные слова.

О б р а з е ц: *Репка. — Посадил дед репку.*

Полевые цветы, овощи, ранний картофель, плодовые деревья, сорняки, семена.

7. Отгадайте загадки (ответы зашифрованы).

Овечка-ярочка
Соскочила с лавочки,
Соскочила с лавочки,
Копытца яблочком.
Вся мохнатенькая,
Сама усатенькая,
Днём спит
И сказки говорит,
А ночью бродит,
На охоту ходит.

***
С бородой, как мужик.
С рогами, как бык,
С пухом, как птица,
Только волка боится.
Лыко дерёт,
А лаптей не плетёт.

***
Снаружи красна,
Внутри бела,
На голове хохолок —
Зелёненький лесок.

***
Телятки гладки
Привязаны к грядке,
Лежат рядками,
Зелены сами.

(Собрал Г. Науменко)

сидер
акшок
лёзок
церуго

8. Вы познакомились со сказкой «Мужик и медведь». Прочитайте приведённые ниже русские пословицы и объясните их значение. Скажите, какая из них наиболее подходит к прочитанной сказке.

Труд человека кормит, а лень портит.
На чужой каравай рот не разевай!

9. О каких человеческих качествах говорится в этой сказке?

Послушайте сказку «Лисичка-сестричка и серый волк». Всё ли вам понятно? Прочитайте сказку сами, познакомьтесь с комментарием справа.

ЛИСИЧКА-СЕСТРИЧКА И ВОЛК
(Пересказал М. Булатов)

Бежала лиса по дороге. Видит — едет старик, **целые** сани рыбы везёт. Захотелось лисе рыбки. Вот она забежала вперёд и растянулась посреди дороги, **будто** неживая.

Подъехал к ней старик, а она не шевелится; ткнул кнутом, а она и не **ворохнётся**. «**Славный** будет воротник старухе **на шубу**!» — думает старик.

Взял он лису, положил на сани, а сам пошёл впереди. А лисичке только **того и надо**. Огляделась она и давай потихоньку рыбу с саней сбрасывать. **Всё по рыбке** да по рыбке. Повыбрасывала всю рыбу и сама ушла.

Приехал старик домой и говорит:

— Ну, старуха, какой я тебе воротник привёз!

— Где же он?

— Там, на санях, и рыба и воротник. Ступай возьми!

Подошла старуха к саням, смотрит — ни воротника, ни рыбы. Вернулась она в избу и говорит:

— На санях-то, дед, кроме **рогожи**, ничего нету!

Тут старик догадался, что лиса не мёртвая была. Погоревал, погоревал, да делать нечего.

А лисичка тем временем собрала по дороге всю рыбу в кучку, **уселась** и ест.

Подходит к ней волк:

— Здравствуй, лиса!

— Здравствуй, волчок!

— Дай мне рыбки!

Лиса оторвала у рыбки голову и бросила волку.

— Ох, лиса, хорошо! Дай ещё!

Лиса бросила ему хвостик.

Целые — полные.
Будто — как / точно.
Ворохнётся (ворохнуться) — пошевелиться.
Славный — хороший.
На шубу — для шубы.
Того и надо — так и хотела.
Всё по рыбке — по одной рыбке.
Рогожа — хлопчатобумажная или льняная ткань.
Уселась (усесться) — удобно села.

— Ах, лиса, хорошо! Дай ещё!

— **Ишь** ты какой! Налови сам да ешь.

— Да я не умею!

— **Экой ты**! Ведь я же наловила. Ступай на речку, опусти хвост в прорубь, сиди да приговаривай: «Ловись, ловись, рыбка, большая и маленькая! Ловись, ловись, рыбка, большая и маленькая!» Вот рыба сама тебе на хвост и **нацепляется**. Посиди подольше — наловишь побольше!

Волк побежал на реку, опустил хвост в прорубь, сидит и приговаривает:

— Ловись, ловись, рыбка, большая и маленькая!

А лисица прибежала, ходит вокруг волка да приговаривает:

— Мёрзни, мёрзни, волчий хвост! Мёрзни, мёрзни, волчий хвост!

Волк скажет:

— Ловись, ловись, рыбка, большая и маленькая!

А лисица:

— Мёрзни, мёрзни, волчий хвост!

Волк опять:

— Ловись, ловись, рыбка, большая и маленькая!

А лиса:

— Мёрзни, мёрзни, волчий хвост!

— Что ты, лиса, там говоришь? — спрашивает волк.

— Это я тебе, волк, помогаю: рыбу к хвосту подгоняю!

— Спасибо тебе, лисица!

— Не за что, волчок!

А мороз всё сильнее и сильнее. Волчий хвост и приморозило крепко-накрепко.

Лиса кричит:

— Ну, теперь тяни!

Потянул волк свой хвост, **да не тут-то было**! «Вот сколько рыбы **привалило**. И не вытащишь!» — думает он. Оглянулся волк кругом, хотел лису на помощь звать, а её уж и **след простыл** — убежала. Целую ночь провозился волк у проруби — не мог хвост вытащить.

На рассвете пошли бабы к проруби за водой. Увидели волка и закричали:

— Волк, волк! Бейте его! Бейте его!

Подбежали и стали **колотить** волка: кто коромыслом, кто ведром. Волк туда, волк сюда. Прыгал, пры-

Ишь — эмоциональная частица.

Экой ты! — Вот ты какой! Выражение удивления, досады, иронии, насмешки.

Нацепляется (цепляться = хвататься). Приставка на- обозначает полноту действия (зд.: много). Так же: наесться, напиться.

Да не тут-то было — да не смог.

Привалило (привалить) — пришло.

След простыл — убежала, скрылась.

Колотить — бить.

гал, рванулся, оторвал себе хвост и **пустился без оглядки**. «Подожди, — думает, — уж я тебе, лисонька, **отплачу**!»

А лиса съела всю рыбку и захотела ещё чего-нибудь **раздобыть**. **Забралась** она в избу, где хозяйка **блины поставила**, да попала головой в **квашёнку**. Залепило ей тестом и глаза и уши. Выбралась лисица из избы — да поскорее в лес…

Бежит она, а навстречу ей волк.

— Так-то,— кричит, — ты меня научила в проруби рыбу ловить? Избили меня, исколотили, хвост мне оторвали!

— Эх, волчок, — говорит лиса. — У тебя только хвост оторвали, а мне всю голову разбили. Видишь — мозги выступили. **Насилу плетусь**!

— **И то** правда, — говорит волк. — **Где тебе**, лиса, идти! Садись на меня, я тебя довезу.

Лиса села волку на спину, он её и повёз.

Вот лиса едет на волке и потихоньку припевает:

— Битый небитого везёт! Битый небитого везёт!

— Что ты, лисонька, там говоришь? — спрашивает волк.

— Я, волчок, говорю: «Битый битого везёт».

— Так, лисонька, так!

Довёз волк лису до её норы, она соскочила, в нору **юркнула** и давай над волком смеяться-посмеиваться:

— Нету у волка ни разума, ни **толку**!

Пустился без оглядки — быстро убежал, не оглядываясь.
Отплачу (отплатить) — отомщу.
Раздобыть — найти.
Забралась (забраться) — залезла.
Блины поставила (поставить) — замесила блинное тесто.
Квашёнка (уменьшительно-ласкательная форма от слова «квашня») — деревянная кадка для теста.
Насилу плетусь — еле-еле иду.
И то (*разг.*) — действительно.
Где тебе! — Как же ты можешь?, т. е. «я понимаю, что ты не можешь».
Юркнула — быстро скрылась.
Толк (*разг.*) — зд.: ум.

Текст для аудирования

Послушайте сказку «Лиса и волк». Прочитайте комментарий справа. Выполните задания после текста.

ЛИСА И ВОЛК
Русская народная сказка

Жили-были дед да баба. Дед и говорит бабе:

— Ты, баба, пеки пироги, а я запрягу сани, поеду за рыбой.

Наловил дед рыбы полный воз, едет домой и видит — лисичка свернулась калачиком, лежит на дороге. Дед слез с воза, подошёл, а лисичка не шелохнётся, лежит как мёртвая.

— О, славная находка! Будет моей старухе воротник на шубу.

Взял дед лису и положил на сани, а сам пошёл впереди. А лисица улучила время и стала выбрасывать полегоньку из воза всё по рыбке. Вот выбросила всю рыбку и сама потихоньку ушла.

Дед приехал домой и зовёт бабу:

— Ну, старуха, знатный воротник привёз тебе на шубу!

Подошла баба к возу, нет на нём ни воротника, ни рыбы. И начала она старика ругать:

— Ах, такой-сякой! Ещё вздумал меня обманывать!

Тут дед смекнул: лисичка-то была не мёртвая. Погоревал-погоревал, да что ты будешь делать.

А лисица тем временем собрала на дороге всю рыбу в кучу, села и ест.

Подходит к ней волк.

— Здравствуй, кумушка! Хлеб да соль!

— Я ем свой, а ты подальше стой!

— Дай мне рыбки!

— Налови сам и ешь.

— Да я не умею!

— Эка! Ведь я же наловила. А ты, куманёк, ступай на реку, опусти хвост в прорубь, сиди да приговаривай: «Ловись, рыбка, и мала и велика! Ловись, рыбка, и мала и велика!» Так рыба тебя сама за хвост будет хватать. Как побольше посидишь, так больше выудишь.

Пошёл волк на реку, опустил хвост в прорубь, сидит и приговаривает:

— Ловись, рыбка, и мала и велика!

Свернулась калачиком (*разг.*) — легла комочком.
Славная — хорошая.
Знатный (*простореч.*) — отличный.
Такой-сякой (*разг., шутл.*) — нехороший во всех отношениях.

— Ловись, рыбка, и мала и велика!

А лисица ходит вокруг волка и приговаривает:

— Ясней, ясней на небе звёзды! Мёрзни, мёрзни, волчий хвост!

Спрашивает волк лису:

— Что ты, кума, всё говоришь?

— А я тебе помогаю: рыбку на хвост нагоняю.

А сама опять:

— Ясней, ясней на небе звёзды! Мёрзни, мёрзни, волчий хвост!

Сидел волк целую ночь у проруби, хвост у него и приморозило. А под утро хотел подняться, не тут-то было! Он и думает: «Эка, сколько рыбы привалило, и не вытащить!»

А в это время идёт баба с вёдрами за водой, увидала волка и закричала:

— Волк, волк! Бейте его! Бейте!

Волк туда-сюда , не может вытащить хвост. Баба бросила вёдра и давай его бить коромыслом. Била-била, била-била, волк рвался-рвался, оторвал себе хвост и пустился наутёк.

— Хорошо же, уж я тебе отплачу, кума!

А лисичка забралась в избу, где жила эта баба, наелась из квашни теста, голову себе тестом вымазала, выбежала на дорогу, упала и лежит, стонет.

Волк ей навстречу:

— А, так вот как ты учишь, кума, рыбу ловить! Меня всего исколотили.

Лиса ему говорит:

— Ах, куманёк, у тебя хвоста нет, зато голова цела. А мне голову разбили. Смотри, мозг выступил, насилу плетусь.

— И то, правда, — говорит ей волк. — И где тебе, кума, идти! Садись на меня, я тебя довезу.

Села лисица волку на спину, он её и повёз. Вот лисица едет на волке и потихоньку поёт:

— Битый небитого везёт! Битый небитого везёт!

— А ты чего это, кума, всё говоришь?

— Я-то, куманёк, твою боль заговариваю.

А сама опять:

— Битый небитого везёт! Битый небитого везёт!

Туда-сюда — то в одну, то в другую сторону.

Задания для аудирования к сказке «Лиса и волк»

1. Слушайте отрывок и заполняйте пропуски в данных предложениях.

Жили-были дед _____ баба. Дед _____ говорит бабе: — Ты, баба, пеки _____, а я запрягу _____, поеду _____. Наловил дед _____ полный _____, едет _____ и видит _____ сверну-лась калачиком, лежит _____. Дед слез _____, подошёл, а лисичка _____, лежит _____. — О, славная _____! Будет моей стару-хе воротник _____.

2. Прослушайте отрывок и определите, правильно ли передан смысл сказки в приведённых высказываниях?

Дед положил лису на сани, а сам пошёл позади.
Лисица сразу и вывалила рыбу на дорогу. А потом незаметно ушла.

3. Слушайте текст и нумеруйте следующие слова в порядке их появления в тексте.

☐ полегоньку   ☐ улучила

☐ впереди   ☐ потихоньку

4. Найдите в прослушанном отрывке сходные по значению слова и выражения.

Хороший воротник; стала ругать; ты плохой!; решил, что можно обмануть; живая; погоре-вал немного; ничего не поделаешь; между тем; кушает.

5. Слушайте и заполняйте пропуски реплик в диалоге лисы и волка.

— Здравствуй, кумушка! Хлеб да соль!
— _____

— Дай мне рыбки!
— _____

— Да я не умею!
— _____

6. Слушайте и заполняйте пропуски в данном тексте.

А ты, куманёк, _____ на реку, _____ хвост в прорубь, _____ да приговаривай: «_____, рыбка, и _____ и _____! Ловись, рыбка, и _____ и _____!» Так рыба тебя сама _____ хвост будет _____. Как побольше _____, так больше _____.

7. Ответьте на вопросы по прослушанной сказке, используя модели:

Какой совет дала лиса волку?

Лиса посоветовала волку _____. (инфинитив)

Лиса сказала волку, чтобы он _____. (прош. вр.)

Какие слова (волшебные) должен был произнести волк?

Волк должен был говорить, чтобы _____.

Как должна была рыба ловиться?

Рыба сама должна была _____.

Как лиса советовала волку наловить много рыбы?

Если (буд. вр.), то (буд. вр.)

Как (буд. вр.), так (буд. вр.)

(Императив) (буд. вр.)

Как лиса «помогала» волку?

Лиса приговаривала, чтобы _____.

8. Измените данные слова и выражения в соответствии с содержанием сказки.

Сидел волк всю ночь у проруби, его хвост и примёрз. А утром хотел подняться, да не смог. Он и подумал: «Вот сколько рыбы наловил, и не вытащить!»

9. Прослушайте отрывок и ответьте на вопросы.

1. Почему волк не мог подняться из проруби?
2. Что подумал волк?
3. Куда и зачем шла баба?
4. Почему она закричала?

10. Найдите в тексте сказки слова и выражения, сходные по значению.

То в одну, то в другую сторону; кинула; начать бить; долго била; отомщу; с силой рвался; бросился бежать.

11. Ответьте на вопросы по тексту сказки.

1. В чью избу забралась лиса?
2. Чего она наелась?
3. Чем она вымазала голову?
4. Куда она выбежала?
5. Кто шёл ей навстречу?
6. Чему лиса учила волка?
7. Кого она исколотила?

12. Заполните пропуски в данных предложениях в соответствии с содержанием текста сказки.

Ах, куманёк, у тебя _____ нет, зато _____ цела. А мне голову _____. Смотри, мозг _____, насилу _____.

71

Лексико-грамматические задания

1. Замените подчёркнутые словосочетания словами со значением эмоциональной оценки.

Дед **долго бил** золотое яичко, но не разбил. Репка выросла **очень большая**. Дед **с силой тянет** репку, а вытянуть не может. Коза в лес уходила, а козлята запирались **очень крепко**. Коза разрезала живот волку, и козлятки выскочили все **совершенно живые, совершенно целые**.

2. Объедините данные предложения, используя союзы.

О б р а з е ц: *Дед один не мог вытянуть репку. Вместе они вытянули репку.*

— *Дед один не мог вытянуть репку, а вместе они её вытянули.*

Дед один не мог вытянуть репку. Дед позвал бабку. Бабка позвала внучку. Внучка позвала Жучку. Жучка позвала кошку. Кошка позвала мышку. Вместе они вытянули репку.

Яичко не простое. Яичко золотое.

Дед и баба яичко не разбили. Мышка хвостиком махнула. Яичко упало. Яичко разбилось.

Коза уходила в лес. Козлята запирали избушку. Козлята никуда не выходили.

Воротилась коза. Запела коза песенку. Потом коза ушла. Волк шасть к избушке.

Волк хотел съесть всех козлят. Один козлёночек схоронился в печке.

Вбежала коза в дом. Никого не нашла коза в доме.

У лисы избушка ледяная. У зайца избушка лубяная.

У меня избушка светлая. У тебя избушка тёмная.

Собаки гнали лису. Медведь гнал лису. Собаки и медведь не смогли выгнать лису.

Гнал лису петушок. Выгнал лису петушок.

У меня не усы. У меня усищи.

Собаки бросили ворону. Ворона села на забор.

Собаки бросили ворону. Собаки побежали за зайцем. Ворона села на забор.

Ты не хваста. Ты храбрец.

Заяц — хваста. Заяц — храбрец.

Как вы думаете, заяц — хваста? Как вы думаете, заяц — храбрец?

Куры пшеницу клюют. Куры петухам не дают.

Петушок кричал. Петушок звал. Кот и Дрозд так и не услышали его.

Бери, медведюшка, корешки. Я возьму себе вершки.

Нету у волка разума. Нету у волка толку.

3. Вы прочитали сказки «Лисичка-сестричка и серый волк» и «Лиса и волк». Прочитайте приведённые ниже русские пословицы и объясните их значение. Скажите, какие из них наиболее подходят к прочитанным сказкам.

Без труда не выловишь и рыбки из пруда.

Работа дураков любит.

Кто не работает, тот не ест.

4. О каких человеческих качествах говорится в этих сказках? Какое отношение к труду провозглашается в сказках вашего народа?

5. Перескажите сказку «Лисичка-сестричка и серый волк» по картинкам.

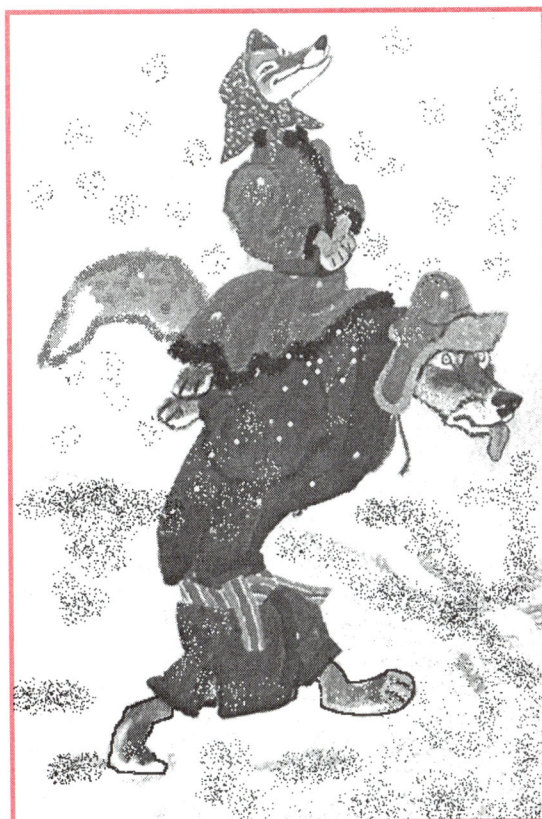

Послушайте сказку «Кот и лиса». Всё ли вам понятно?
Прочитайте сказку сами, познакомьтесь с комментарием справа.

КОТ И ЛИСА
(Пересказал А. Толстой)

Жил-был мужик. У этого мужика был кот. **Такой баловник, что беда! Надоел** он **до смерти.**

Вот мужик думал, думал, взял кота, посадил в мешок и понёс в лес. Принёс и бросил его в лесу — **пускай пропадает.**

Кот ходил, ходил и набрёл на избушку. Залез на чердак и **полёживает себе.** А захочет есть — пойдёт в лес, птичек, мышей наловит, наестся досыта — опять на чердак, **и горя ему мало.**

Вот пошёл кот гулять, а навстречу ему лиса. Увидала кота и **дивится:** «Сколько лет живу в лесу, такого зверя не видывала!»

Поклонилась лиса коту и спрашивает:

— **Скажись,** добрый молодец, кто ты таков? Как ты сюда зашёл и **как тебя по имени величать**?

А кот **вскинул шерсть** и отвечает:

— Зовут меня Котофей Иванович, я из сибирских лесов прислан к вам **воеводой.**

— Ах, Котофей Иванович! — говорит лиса. — **Не знала** я про тебя, **не ведала.** Ну, пойдём же ко мне в гости.

Кот пошёл к лисице. Она привела его в свою нору и стала **потчевать** разной **дичинкой,** а сама всё спрашивает:

— Котофей Иванович, женат ты или холост?

— Холост.

— И я, лисица, — **девица.** Возьми меня замуж!

Кот согласился, и начался у них **пир** да веселье.

На другой день отправилась лиса добывать **припасов,** а кот остался дома.

Бегала, бегала лиса и поймала утку. Несёт домой, а навстречу ей волк:

— Стой, лиса! Отдай утку!

— Нет, не отдам!

— Ну, я сам отниму.

Такой баловник, что беда — приносит много забот / хлопот / проблем.

Надоел до смерти — очень, сильно.

Пускай пропадает — пусть умирает.

Полёживает себе — см. урок 1.

И горя ему мало! — у него нет забот / хлопот.

Дивится (дивиться) (устар.) — удивляется.

Скажись (простореч.) — скажи.

Как тебя по имени величать? — возвышенная форма вопроса: «Как твоё имя?», «Как тебя звать?»

Вскинул (вскинуть) шерсть — распушил шерсть, распушился, а также: «шерсть встала дыбом».

Воевода — военный начальник.

Не знала, не ведала — повтор синонимичного выражения для большей экспрессивности.

Потчевать — угощать, кормить.

Дичинка — дичь, лесная еда / птица.

Девица — незамужняя девушка.

Пир — праздник с обязательным застольем.

Припасы — продукты.

— А я скажу Котофею Ивановичу, он тебя смерти предаст.

— А кто такой Котофей Иванович?

— Разве ты не слыхал? К нам из сибирских лесов прислан воеводой Котофей Иванович! Я раньше была лисица-девица, а теперь нашего воеводы жена.

— Нет, не слыхал, Лизавета Ивановна. А как бы мне на него посмотреть?

— У! Котофей Иванович у меня такой сердитый: кто ему не по нраву придётся, сейчас съест! Ты приготовь барана да принеси ему на поклон. Барана-то положи на видное место, а сам схоронись, чтобы кот тебя не увидал, а то, брат, тебе туго придётся!

Волк побежал за бараном, а лиса — домой.

Идёт лиса, и повстречался ей медведь:

— Стой, лиса, кому утку несёшь? Отдай мне!

— Ступай-ка ты, медведь, подобру-поздорову, а то скажу Котофею Ивановичу, он тебя смерти предаст!

— А кто такой Котофей Иванович?

— А который прислан к нам из сибирских лесов воеводою. Я раньше была лисица-девица, а теперь нашего воеводы — Котофея Ивановича — жена.

— А нельзя ли посмотреть его, Лизавета Ивановна?

— У! Котофей Иванович у меня такой сердитый: кто ему не приглянётся, сейчас съест. Ты ступай, приготовь быка да принеси ему на поклон. Да смотри, быка-то положи на видное место, а сам схоронись, чтобы Котофей Иванович тебя не увидал, а то тебе туго придётся.

Медведь пошёл за быком, а лиса — домой.

Вот принёс волк барана, ободрал шкуру и стоит раздумывает. Смотрит — медведь лезет с быком.

— Здравствуй, Михайло Иванович!

— Здравствуй, брат Левон! Что, не видал лисицы с Котофеем Ивановичем?

— Нет, Михайло Иванович, сам их поджидаю.

— А ты сходи-ка к ним, позови, — говорит медведь волку.

— Нет, не пойду, Михайло Иванович. Я неповоротлив, ты лучше иди.

— Нет, не пойду, брат Левон. Я мохнат, косолап, куда мне!

Вдруг, откуда ни возьмись, бежит заяц. Волк и медведь как закричат на него:

— Поди сюда, косой!

Заяц так и присел, уши прижал.

— Ты, заяц, поворотлив и на ногу скор: сбегай к лисе, скажи ей, что медведь Михайло Иванович с бра-

Смерти предаст — убьёт.

Не по нраву придётся — не понравится.

Принеси (принести) на поклон — в подарок.

Туго придётся — трудно будет.

Подобру-поздорову — по-хорошему, по-доброму.

Не приглянётся (приглянуться) — не понравится.

Сейчас — сразу.

Откуда ни возьмись — появиться откуда-то, неизвестно откуда.

Так и присел — зд.: присел от страха. Частица «так» придаёт действию оттенок экспрессивности.

На ногу скор — быстро бегает.

том Левоном Ивановичем давно уже готовы, ждут тебя-де с мужем, с Котофеем Ивановичем, хотят поклониться бараном да быком.

Заяц пустился к лисе во всю прыть. А медведь и волк стали думать, где бы им спрятаться.

Медведь говорит:

— Я полезу на сосну.

А волк ему говорит:

— А я куда денусь? Ведь я на дерево не взберусь. Схорони меня куда-нибудь.

Медведь спрятал волка в кустах, завалил сухими листьями, а сам влез на сосну, на самую макушку, и поглядывает, не идёт ли Котофей Иванович с лисой.

Заяц меж тем прибежал к лисицыной норе:

— Медведь Михайло Иванович с волком Левоном Ивановичем прислали сказать, что они давно ждут тебя с мужем, хотят поклониться вам быком и бараном.

— Ступай, Косой, сейчас будем.

Вот и пошли кот с лисою. Медведь увидел их и говорит волку:

— Какой же воевода-то Котофей Иванович маленький!

Кот сейчас же кинулся на быка, шерсть взъерошил, начал рвать мясо и зубами и лапами, а сам мурчит, будто сердится:

— Мау, мау!..

Медведь опять говорит волку:

— Невелик, да прожорлив! Нам четверым не съесть, а ему одному мало. Пожалуй, он и до нас доберётся!

Захотелось и волку посмотреть на Котофея Ивановича, да сквозь листья не видать. И начал волк потихоньку разгребать листья. Кот услыхал, что листья шевелятся, подумал, что это мышь, да как кинется — и прямо волку в морду вцепился когтями.

Волк перепугался, вскочил и давай утекать.

А кот сам испугался и полез на дерево, где сидел медведь.

«Ну, — думает медведь, — увидел он меня!»

Слезать-то некогда, вот медведь как шмякнется с дерева оземь, все печёнки отбил, вскочил — да наутёк.

А лисица вслед кричит:

— Бегите, бегите, как бы он вас не задрал!..

С той поры все звери стали кота бояться. А кот с лисой запаслись на всю зиму мясом и стали жить да поживать. И теперь живут.

-де — частица, передающая чужую речь.

Поклониться (устар.) — подарить.

Во всю прыть — очень быстро.

Куда денусь? — Куда спрячусь?

Макушка — верхняя часть кроны дерева.

Сейчас будем — сейчас придём.

Прожорлив — способен много съесть.

Как кинется — кинулся = прыгнул. Частица «как» в сочетании с глаголом настоящего времени означает действие в прошлом и имеет оттенок экспрессивности (зд.: «вдруг»).

Утекать (разг.) — убегать.

Как шмякнется! (разг.) — упал и больно ударился.

Оземь — об землю.

Все печёнки отбил (отбить) — больно ударился спиной.

Наутёк — убежал прочь.

Как бы не задрал (разг.) — как бы не убил.

Лексико-грамматические задания

1. Найдите в тексте сказки прилагательные в краткой форме.

_____
_____
_____
_____

2. Найдите в тексте сказки предложения, в которых есть частицы с оттенком экспрессивности.

_____
_____
_____
_____

3. Укажите, какие устойчивые сочетания-эпитеты встречаются в этой сказке.

_____
_____
_____
_____
_____

4. Какие имена носят герои сказки? О каком стиле общения это говорит?

_____
_____
_____
_____
_____

5. Ответьте на вопросы.

Как кот оказался в лесу?
С кем он встретился?
Какое предложение он получил?
За чем бегала лиса?
Кто ей встретился по дороге домой?
Чем напугала лиса лесных жителей?
Чем одарили кота лесные звери?
Почему они испугались кота?
Как они себя повели, испугавшись кота?

Текст для аудирования

Послушайте сказку «Журавль и цапля». Прочитайте комментарий справа. Выполните задания после текста.

ЖУРАВЛЬ И ЦАПЛЯ
(Пересказал А. Толстой)

Летела сова — весёлая голова. Вот она летела, летела и села, да хвостиком повертела, да по сторонам посмотрела и опять полетела. Летела, летела и села, хвостиком повертела, да по сторонам посмотрела и опять полетела. Летела, летела…

Это **присказка**, а сказка вот какая.

Жили-были на болоте журавль да цапля. Построили они себе избушки. Журавль — на одном конце болота, цапля — на другом.

Журавлю стало скучно жить одному, и **задумал** он жениться.

«**Дай пойду** посватаюсь к цапле!»

Пошёл журавль — тяп-тяп! — **семь вёрст болото месил**.

Приходит и говорит:

— Дома ли цапля?

— Дома.

— **Выдь** за меня замуж!

— Нет, журавль, не пойду за тебя замуж: у тебя ноги долги, платье коротко, сам **худо** летаешь, и кормить-то тебе меня нечем! Ступай прочь, долговязый!

Пошёл журавль домой **несолоно хлебавши**.

Цапля после **раздумалась**: «Чем жить одной, лучше пойду замуж за журавля».

Приходит к журавлю и говорит:

— Журавль, возьми меня замуж!

Присказка — традиционное начало сказки, зачастую не имеющее прямого отношения к содержанию самой сказки.

Задумал (задумать) — решил.

Дай пойду — решил пойти.

Семь вёрст болото месил (месить) — далеко ходил.

Выдь *(простореч.)* — выйди.

Худо — плохо.

Несолоно хлебавши — зря, бесполезно.

Раздумалась *(простореч.)* — передумала.

— Нет, цапля, мне тебя не надо! Не хочу жениться, не возьму тебя замуж. Убирайся!

Цапля заплакала со стыда и воротилась домой…

Ушла цапля, а журавль раздумался:

«Напрасно не взял за себя цаплю! Ведь одному-то скучно».

Приходит и говорит:

— Цапля! Я вздумал на тебе жениться, пойди за меня!

— Нет, журавль, не пойду за тебя замуж!

Пошёл журавль домой.

Тут цапля раздумалась: «Зачем отказала? Что одной-то жить? Лучше за журавля пойду».

Приходит она свататься, а журавль не хочет.

Вот так-то и ходят они **по сию пору** один к другому свататься, да никак не женятся.

> По сию пору — до настоящего времени.

Задания для аудирования к сказке «Журавль и цапля»

1. Слушайте и записывайте слова с суффиксами субъективной оценки. Объясните их значение.

_____   _____
_____   _____
_____   _____
_____   _____
_____   _____
_____   _____

2. Слушайте и записывайте глаголы в форме императива. Укажите, какие из них употребляются в просторечии.

_____   _____
_____   _____
_____   _____
_____   _____
_____   _____

3. Найдите предложения в сказке, соответствующие приведённым ниже.

Долго жили на болоте журавль и цапля.
Вот пойду и посватаюсь к цапле.
Выйди за меня замуж.
Цапля заплакала от стыда и вернулась домой.
Я решил на тебе жениться, выйди за меня замуж.

4. Объясните экспрессивное значение частицы «-*то*» в предложениях из сказки.

Нет, журавль, не пойду за тебя замуж: у тебя ноги долги, платье коротко, сам худо летаешь, и кормить-то тебе меня нечем!
Ведь одному-то скучно.
Что одной-то жить?
Вот так-то и ходят они по сию пору один к другому свататься.

5. Прослушайте предложения и отметьте, в каком случае союз «*да*» употреблён в значении «*и*», а в каком в значении «*но*».

Вот она летела, летела и села, да хвостиком повертела, да по сторонам посмотрела и опять полетела.
Жили-были на болоте журавль да цапля.
Вот так-то и ходят они по сию пору один к другому свататься, да никак не женятся.

6. Выберите правильный вариант.

Присказка о журавле и цапле.	а) да	б) нет
Сказка о журавле и цапле.	а) да	б) нет
Журавль пошёл к цапле свататься.	а) да	б) нет
Цапля вышла замуж за журавля.	а) да	б) нет

7. Ответьте на вопросы.

Почему цапля отказала журавлю?
Почему журавль хотел жениться?
Почему цапля пожалела, что не пошла за журавля?

8. Вы прочитали сказки «Кот и лиса» и «Журавль и цапля». Прочитайте приведённые ниже русские пословицы и объясните их значение. Скажите, какие из них наиболее подходят к прочитанным сказкам.

Без меня меня женили.
Женится — переменится.
Жениться не напасть, да как бы, женившись, не пропасть.
Не было бы счастья, да несчастье помогло.

9. В прочитанных сказках представлены разные характеры. Чьё поведение, на ваш взгляд, одобряется русским национальным сознанием? Какова мораль этих сказок? Расскажите, как происходит сватовство и бракосочетание в вашей стране.

ИТОГОВЫЙ УРОК

Задания для оценки результатов обучения

1. ЛЕКСИКА

1. Составьте пары глаголов, сходных по значению.

1) воротиться
2) отворить
3) запереть
4) схорониться
5) задумать
6) хвастать
7) ворохнуться
8) отплатить
9) забраться
10) потчевать
11) приглянуться
12) добраться
13) шмякнуться
14) голосить
15) наказывать
16) сажать
17) догадаться
18) полоть
19) домовничать
20) отнять
21) помалкивать
22) клевать
23) плестись
24) ведать
25) дивиться

а) залезть
б) найти
в) угощать
г) удивляться
д) идти еле-еле
е) забрать
ж) решить
з) закрыть
и) знать
к) громко плакать
л) молчать
м) есть
н) рвать сорняки
о) приказывать
п) понять
р) заниматься домашним хозяйством
с) пошевелиться
т) хвалиться
у) понравиться
ф) вернуться
х) отпереть
ц) сеять
ч) спрятаться
ш) упасть
щ) отомстить

2. К устойчивым словосочетаниям слева подберите соответствующее значение из правого столбика.

1) на ту пору
2) подняться со сна
3) делать нечего
4) на ходу
5) немного погодя
6) душа в пятки
7) дать стрекача

а) через некоторое время
б) устать
в) стать врагами
г) больно удариться спиной
д) нет пользы
е) в то время
ж) побежать за

8) выбиться из сил   з) так и хотел
9) гнаться по пятам   и) быстро убежать, не оглядываясь
10) прийти в себя   к) проснуться
11) броситься в погоню   л) через некоторое время
12) долго ли, коротко ли   м) не смог
13) тут как тут   н) ничего не поделаешь
14) вражда пошла   о) очень быстро
15) того и надо   п) убежать, скрыться
16) не тут-то было   р) догонять, не отставая
17) след простыл   с) страшно
18) пуститься без оглядки   т) далеко ходить
19) нет толку   у) зря, бесполезно
20) семь вёрст болото месить   ф) быстро побежать прочь
21) несолоно хлебавши   х) будет трудно
22) такой, что беда   ц) вдруг появиться
23) надоел до смерти   ч) не нравиться
24) смерти предать   ш) приносящий много проблем, хлопот
25) не по нраву   щ) очень надоесть
26) туго придётся   э) убить
27) во всю прыть   ю) в движении
28) отбить все печёнки   я) успокоиться

3. Отметьте слова, не ассоциирующиеся со словами в левой колонке.

1) наутёк —   а) течь, б) прочь, в) бегать, г) быстро, д) вода
2) шалаш —   а) ветки, б) деревья, в) милый, г) жить, д) богатство
3) горевать —   а) гора, б) беда, в) слёзы, г) смех, д) грустный
4) грешить —   а) ложь, б) грех, в) обманывать, г) шить, д) шутить
5) свататься —   а) жениться, б) свадьба, в) внуки, г) жених, д) замуж

4. Образуйте новое слово, изменив только одну букву.

О б р а з е ц : *еда — беда, Коля — коли*

1) личинка — _____

2) Оля — _____

3) корыто — _____

4) ахать — _____

5) дать — _____

6) хватать — _____

7) решить — _____

8) главный — _____

9) рыба — _____

10) заинька — _____

5. Составьте словосочетания из слов в левой и правой колонках.

1) студёный   а) лес
2) золотой   б) голова
3) масляный   в) гнездо
4) красный   г) море
5) тёмный   д) волк
6) рыжий   е) лиса
7) косолапый   ж) заяц
8) тёплый   з) медведь
9) шёлковый   и) гребень
10) серый   к) трава
11) синий   л) сапоги
12) косой   м) вода

_____   _____
_____   _____
_____   _____
_____   _____
_____   _____
_____   _____

6. Выберите наиболее точное толкование данных выражений.

1) взять замуж —   а) выходить замуж
                             б) пойти замуж
                             в) жениться

2) слезами заливаться —   а) плакать от счастья
                             б) обронить слезу
                             в) горько плакать

3) на глаза явиться —   а) появиться перед глазами
                             б) увидеть
                             в) показать себя

4) досада взяла —   а) испытывать жалость
                             б) испытывать обиду
                             в) испытывать радость

5) пускай пропадает —   а) пусть уходит
                             б) пусть хоть умрёт
                             в) пускай исчезает с глаз

6) и горя ему мало —   а) ему всё равно
                             б) у него нет забот
                             в) у него мало горя

7. Передайте смысл словосочетания одним словом.

1) очень большая — _____

2) очень крепко — _____

3) очень строго — _____

4) как раньше — _____

5) по-хорошему да по-доброму — _____

6) очень далеко — _____

2. ГРАММАТИКА

1. Составьте по одному словосочетанию с числительными по образцу.

Образец: 7 — *семеро козлят (козлёнок)*

1 — _____ (щенок)

2 — _____ (мальчик)

3 — _____ (дети)

4 — _____ (собака)

5 — _____ (коза)

6 — _____ (кошка)

7 — _____ (котёнок)

2. Заполните таблицу словами с суффиксами субъективной оценки по образцу.

А	мышь	*мышка*
	волк	
	заяц	
	лапы	
	медведь	
	зубы	
	гребень	
	изба	
	струны	
	голова	
	козлёнок	

Б	*ноги*		*ножищи*
	лапы		
	зубы		
	усы		
	медведь		
	волк		
	рука		
	друг		
	человек		
	глаза		
	сосна		
В	*сладкий*		*сладенький*
	красивый		
	добрый		
	умный		
	рыжий		
	милый		
	весёлый		
	тонкий		
	толстый		
	тёплый		
	хороший		
Г	*здоровый*		*здоровущий*
	длинный		
	высокий		
	прекрасный		
	великий		
	красивый		

3. Образуйте глаголы от данных междометий.

1) ах _____
2) стук-стук _____
3) шасть _____
4) прыг _____
5) ку-ку _____
6) трень-брень _____
7) скок _____
8) ох _____

9) шмяк _____
10) цап _____
11) топ-топ _____
12) ррр… _____
13) мяу-мяу _____
14) гав-гав _____
15) ой _____
16) шасть _____

4. Употребите в предложениях слова из правой колонки в нужной форме.

1. Мне что-то захотелось … .	а) рыбка
2. Дайте мне … .	б) одна рыбка
3. Попейте … , вам станет лучше.	а) вся вода
4. Ты должна выпить … .	б) вода
5. Котёнок напился … . И уснул.	а) молоко
6. Котёнок не будет пить … . Оно горячее.	б) это молоко
7. Поставь … в воду.	цветы
8. Нарви … и поставь их в вазу.	
9. Я бабушке да дедушке … снесу.	гостинцы
10. Кому принесла бабушка … ?	

5. Замените в данных словосочетаниях существительные в Родительном падеже (2) притяжательными прилагательными.

1) избушка зайца — _____

2) нора лисицы — _____

3) семья дедушки — _____

4) курочка бабушки — _____

5) следы лисицы — _____

6) хвост лисы — _____

7) лапа медведя — _____

8) хвост волка — _____

9) ножка курицы — _____

10) хвост петуха — _____

6. Закончите предложения по образцу, используя слова для справок в нужной форме.

О б р а з е ц: *Репка (сладкая и крепкая). — Репка сладка и крепка.*

1. Курица _____
2. Вода _____
3. Трава _____
4. Платье _____
5. Кот _____
6. Медведь _____
7. Заяц _____

> рябой
> студёный
> шёлковый
> короткий
> холостой
> мохнатый и косолапый
> поворотливый и скорый

3. ПОНИМАНИЕ ПРОЧИТАННОГО
(на материале изученного)

1. Вспомните, кто это сказал? Кому? Напишите по образцу.

О б р а з е ц: *«Расти сладка! Расти крепка!» — сказал дед репке.*

1. «Я снесу вам яичко другое, не золотое — простое», — _____
_____ .

2. «Что ты на меня грешишь, кума. Полно горевать, пойдём лучше в лес, погуляем», —
_____ .

3. «Как выскочу, как выпрыгну — пойдут клочки по заулочкам!» — _____
_____ .

4. «У меня не усы, а усищи», — _____ .
5. «Несёт меня лиса за тёмные леса», — _____ .
6. «Мужик, я тебя сломаю», — _____ .
7. «Зачем отказала? Что одной-то жить?» — _____ .
8. «Битый небитого везёт», — _____ .
9. «Скажи, добрый молодец, кто ты таков... и как тебя по имени величать?» —
_____ .

10. «Я из сибирских лесов прислан к вам воеводой», — _____
_____ .

2. Узнайте героев прочитанных сказок. Напишите, кто это.

1. Сама рыжая, дразнится и обманывает, никого, кроме петуха, не боится. — _____

2. Каждый день в лес ходит есть траву шелковую, пить воду студёную. — _____

3. Ходят друг к другу по сию пору, да никак не женятся. — _____

4. Хотя и любит хвастаться, но храбрец. — _____

5. Сыта, не бита, а пешком не идёт. — _____

6. Косолап, мохнат и неповоротлив. — _____

3. Закончите предложения в соответствии с содержанием прочитанных сказок.

Курочка сказала, что снесёт яичко не золотое, а _____.

Позвал дед бабку, позвала баба внучку, позвала внучка Жучку, позвала Жучка кошку, позвала кошка мышку и _____.

Наказывала коза козляткам дверь не отпирать, но _____.

Попросилась лиса к зайцу в дом, да и _____.

Заяц боялся собак, но _____.

Мужик взял себе вершки, а _____.

Лиса сказала волку, что поймала рыбу, а _____.

4. Каких героев русских народных сказок характеризуют следующие слова?

О б р а з е ц: *Хитрость* — *Хитрость характерна для лисы.*

Беззащитность — _____

Храбрость — _____

Смекалка — _____

Мудрость — _____

Дружба — _____

Коварство — _____

Глупость — _____

Ум — _____

Трудолюбие — _____

5. Напишите по одной из известных вам пословиц, подходящих по смыслу к прочитанным сказкам.

Курочка ряба

_____
_____

Репка

_____
_____

Волк и козлята

_____
_____

Заюшкина избушка

_____
_____

Заяц-хваста

_____

_____

Петушок-золотой гребешок

_____

_____

Мужик и медведь

_____

_____

Лисичка-сестричка и серый волк

_____

_____

Лиса и кот

_____

_____

Журавль и цапля

_____

_____

4. СТИЛИСТИКА

1. Напишите данные предложения в более эмоциональной форме, используя частицу «как».

1. Медведь и волк закричали. _____

_____

2. Кот кинулся. _____

_____

3. Медведь шмякнулся. _____

_____

4. Выскочу, выпрыгну! _____

_____

2. Напишите данные предложения в более вежливой форме.

1. Поди вон!

_____

2. Пошла отсюда!

_____

3. Дай-ка попробовать.

_____

4. Как тебя зовут?

_____

3. Измените приведённые ниже предложения, используя литературный стиль.

1. Воротится коза, постучится в дверь, козлятки отопрут дверь и впустят мать.

_____

2. Проведала лиса, что кота и дрозда дома нет, и шасть к избушке.

_____

3. И стали они жить-поживать по-прежнему.

_____

4. О чём, заинька, плачешь?

_____

5. А ты и подавно не выгонишь.

_____

6. Цапля заплакала со стыда и воротилась домой.

_____

7. Вот она его маленько потрепала: «Боле не хвастай!»

_____

8. Целую ночь волк провозился у проруби.

_____

9. Медведь Михайло Иванович с братом Левоном Ивановичем хотят поклониться бараном да быком.

_____

10. Зачем на глаза явился?

_____

4. Измените предложения, используя язык сказок. Напишите разговорные и просторечные синонимы выделенных слов и выражений.

Жил мужчина. У него был кот, который **шалил** и **приносил много хлопот.** Сильно надоел он **мужчине.** Однажды **отнёс мужчина** кота в глухой лес, **чтобы кот умер.** А кот **не умер, ел хорошо,** и **у него не было забот.** Встретил кот в **дубовом лесу** лисицу **рыжего цвета.** Лиса смотрит на кота и **удивляется,** что **не знала** про него. Пришли они в **нору лисы,** и **начала** она уго**щать** кота разной **дикой пищей. Узнала** лиса, что кот **не женат.** Сказала, что сама **незамужняя** и чтобы кот **на ней женился.** Кот был маленький, но лиса **хвалилась,** что он сердитый и кто ему **не нравится,** того **сразу** съест. Пришли медведь и волк **выразить** своё **уважение** коту и принесли **в подарок** барана и быка. Увидели они, что кот **начал** рвать мясо и зубами и лапами, испугались, **быстро убежали прочь.** А лиса и кот **с тех пор начали** жить и жили долго.

5. Расскажите одну из сказок вашего национального фольклора.

6. Вы прочитали более десяти русских народных сказок. Скажите, что вы узнали о русском национальном характере? Можете ли вы теперь ответить на вопросы, которые были поставлены в Вводном уроке?

Субтест 1. Чтение

Прочитайте сказку «Маша и медведь» и выполните задания после текста.

МАША И МЕДВЕДЬ
(Пересказал М. Булатов)

Жили-были дедушка да бабушка. Была у них внучка *Машенька* (1). Собрались раз *подружки* (2) в лес по грибы да по ягоды. Пришли звать с собой и Машеньку.

— Дедушка, бабушка, — говорит Машенька, — отпустите меня в лес с подружками!

Дедушка с бабушкой отвечают:

— Иди, только смотри от подружек не отставай, не то заблудишься.

Пришли девушки в лес, стали собирать грибы да ягоды. Вот Машенька — *деревце* (3) за деревце, *кустик* (4) за кустик — и ушла далеко-далеко от подружек.

Стала она аукаться, стала их звать, а подружки не слышат, не отзываются.

Ходила, ходила Машенька по лесу — совсем заблудилась.

Пришла она в самую глушь, в самую чащу. Видит — стоит *избушка* (5). Постучала Машенька в дверь — не отвечают. Толкнула она дверь — дверь и открылась.

Вошла Машенька в избушку, села у окна на *лавочку* (6).

Села и думает:

«Кто же здесь живёт? Почему никого не видно?»

А в той избушке жил большущий медведь. Только его тогда дома не было: он по лесу ходил.

Вернулся вечером медведь, увидел Машеньку, обрадовался.

— Ага, — говорит, — теперь не отпущу тебя! Будешь у меня жить. Будешь печку топить, будешь кашу варить, меня кашей кормить.

Потужила Маша, погоревала, да ничего не поделаешь. Стала она жить у медведя в избушке.

Медведь на целый день уйдёт в лес, а Машеньке наказывает никуда без него из избушки не выходить.

— А если уйдёшь, — всё равно поймаю и тогда уж съем!

Стала Машенька думать, как ей от медведя убежать. Кругом лес, а в какую сторону идти — не знает, спросить не у кого...

Думала она, думала и придумала.

Приходит раз медведь из лесу, а Машенька и говорит ему:

— Медведь, медведь, отпусти меня на *денёк* (7) в деревню: я бабушке да дедушке гостинцев снесу.

— Нет, — говорит медведь, — ты в лесу заблудишься. Давай гостинцы, я их сам отнесу.

А Машеньке того и надо!

Напекла она *пирожков* (8), достала большой-пребольшой короб и говорит медведю:

— Вот, смотри: я в этот короб положу пирожки, а ты отнеси их дедушке да бабушке. Да помни: короб по дороге не открывай, пирожки не вынимай. Я на *дубок* (9) влезу, за тобой следить буду!

— Ладно, — отвечает медведь, — давай короб!

Машенька говорит:

— Выйди на *крылечко* (10), посмотри, не идёт ли *дождик* (11)!

Только медведь вышел на крылечко, Машенька сейчас же залезла в короб, а на голову себе блюдо с пирожками поставила.

Вернулся медведь, видит — короб готов. Взвалил его на спину и пошёл в деревню.

Идёт медведь между ёлками, бредёт медведь между *берёзками* (12), в *овражки* (13) спускается, на пригорки поднимается. Шёл-шёл, устал и говорит:

— Сяду на *пенёк* (14),
Съем пирожок!

А Машенька из короба:

— Вижу, вижу!
Не садись на пенёк,
Не ешь пирожок!
Неси бабушке,
Неси дедушке!

— Ишь какая глазастая, — говорит медведь, — всё видит!

Поднял он короб и пошёл дальше. Шёл-шёл, шёл-шёл, остановился, сел и говорит:

— Сяду на пенёк,
Съем пирожок!

А Машенька из короба опять:

— Вижу, вижу!
Не садись на пенёк,
Не ешь пирожок!
Неси бабушке,
Неси дедушке!

Удивился медведь:

— Вот какая хитрая! Высоко сидит, далеко глядит!

Встал и пошёл скорее.

Пришёл в деревню, нашёл дом, где дедушка с бабушкой жили, и давай изо всех сил стучать в ворота:

— Тук-тук-тук! Отпирайте, открывайте! Я вам от Машеньки гостинцев принёс.

А собаки почуяли медведя и бросились на него. Со всех дворов бегут, лают.

Испугался медведь, поставил короб у ворот и пустился в лес без оглядки.

Вышли тут дедушка да бабушка к воротам. Видят — короб стоит.

— Что это в коробе? — говорит бабушка.

А дедушка поднял крышку, смотрит — и глазам своим не верит: в коробе Машенька сидит, живёхонька и здоровёхонька.

Обрадовались дедушка да бабушка. Стали Машеньку обнимать, целовать, умницей называть.

1. *Пронумеруйте следующие слова в порядке их появления в тексте.*

☐ Пирожки   ☐ Овражки

☐ Берёзки   ☐ Дубок

☐ Пенёк   ☐ Дождик

☐ Денёк   ☐ Крылечко

☐ Подружки   ☐ Избушка

☐ Деревце   ☐ Лавочка

☐ Кустик   ☐ Машенька

2. *Найдите в тексте слова, сходные по значению с данными словами.*

1) долго жили _____   3) очень большой _____

2) очень далеко _____   4) долго шёл _____

3. *Найдите в тексте глаголы, соответствующие данным междометиям.*

Ау! _____

Тут-тук-тук! _____

4. *Выберите значение данного междометия, наиболее соответствующее контексту.*

Ага!   а) радость

         б) угроза

         в) обещание

5. *Согласитесь или опровергните следующие суждения (а — да, б — нет).*

1. Дедушка и бабушка не разрешали Машеньке ходить в лес, что она заблудится.   ⓐ ⓑ

2. Машенька звала подружек, но они не откликнулись.   ⓐ ⓑ

3. Машенька попросила медведя отпустить её в деревню, чтобы отнести гостинцев дедушке и бабушке.   ⓐ ⓑ

4. Медведь сам принёс Машеньку в деревню.   ⓐ ⓑ

5. Медведь принёс короб в деревню и без спешки пошёл в лес.   ⓐ ⓑ

6. Дедушка и бабушка очень ругали Машеньку за то, что она их не послуша- ⓐ ⓑ
лась.

6. **Выберите наиболее правильный ответ на вопрос.**

Почему дедушка и бабушка называли Машеньку умницей?

       а) Потому что Машенька была умная девочка.

       б) Потому что она вернулась живая и здоровая.

       в) Потому что она придумала, как убежать от медведя.

Субтест 2. Понимание на слух

Прослушайте сказку «Лисичка со скалочкой» и выполните задания после текста.

ЛИСИЧКА СО СКАЛОЧКОЙ
(Русская народная сказка)

Шла лисичка по дорожке, нашла скалочку. Подняла и пошла дальше.

Пришла в деревню и стучится в избу:

— Стук-стук-стук!

— Кто там?

— Я, лисичка-сестричка! Пустите переночевать!

— У нас и без тебя тесно.

— Да я не потесню вас: сама лягу на лавочку, хвостик — под лавочку, скалочку — под печку.

Её пустили. Вот она легла сама на лавочку, хвостик — под лавочку, скалочку — под печку.

Рано поутру лисичка встала, сожгла свою скалочку, а потом и спрашивает:

— Где же моя скалочка? Давайте мне за неё курочку!

Мужик — делать нечего! — отдал ей за скалочку курочку.

Взяла лисичка курочку, идёт да поёт:

— Шла лисичка по дорожке,

Нашла скалочку.

За скалочку взяла курочку!

Пришла она в другую деревню:

— Стук-стук-стук!

— Кто там?

— Я, лисичка-сестричка! Пустите переночевать!

— У нас и без тебя тесно.

— Да я не потесню вас: сама лягу на лавочку, хвостик — под лавочку, а курочку — под печку.

Её пустили. Лисичка легла сама на лавочку, хвостик — под лавочку, а курочку — под печку.

Рано утром лисичка потихоньку встала, схватила курочку, съела, а после говорит:

— Где же моя курочка? Давайте мне за неё гусочку!

Ничего не поделаешь, пришлось хозяину отдать ей за курочку гусочку.

Взяла лисичка гусочку, идёт да поёт:

— Шла лисичка по дорожке,
Нашла скалочку.
За скалочку взяла курочку,
За курочку взяла гусочку!

Пришла она под вечер в третью деревню:

— Стук-стук-стук!

— Кто там?

— Я, лисичка-сестричка! Пустите переночевать!

— Да у нас и без тебя тесно.

— А я не потесню вас: сама лягу на лавочку, хвостик — под лавочку, гусочку — под печку.

Её пустили. Вот она легла сама на лавочку, хвостик — под лавочку, гусочку — под печку.

Утром, чуть свет, лисичка вскочила, схватила гусочку, съела да и говорит:

— А где же моя гусочка? Давайте мне за неё девочку!

А мужику девочку жалко отдавать. Посадил он в мешок большую собаку и отдал лисе:

— Бери, лиса, девочку!

Вот лиса взяла мешок, вышла на дорогу и говорит:

— Девочка, пой песни!

А собака в мешке как зарычит!

Лиса испугалась, бросила мешок — да бежать...

Тут собака выскочила из мешка — да за ней!

Лиса от собаки бежала-бежала да под пенёк в нору юркнула. Сидит там и говорит:

— Ушки мои, ушки! Что вы делали?

— Мы всё слушали.

— А вы, ножки, что делали?

— Мы всё бежали.

— А вы, глазки?

— Мы всё глядели.

— А ты, хвост?

— А я всё тебе мешал бежать.

— А, ты всё мешал! Ну постой же, я тебе задам! — И высунула хвост из норы: — Ешь его, собака!

Тут собака ухватилась за лисий хвост, вытащила лисицу из норы и давай её трепать!

1. Слушайте сказку и записывайте однокоренные слова.

1. Лиса — _____

2. Дорога — _____

3. Скалка — _____

4. Сестра — _____

5. Лавка — _____

6. Хвост — _____

7. Печь — _____

8. Курица — _____

9. Гусь — _____

10. Уши — _____

11. Ноги — _____

12. Глаза — _____

2. Выберите наиболее точное значение для выражений из прослушанного текста.

1. Пустите переночевать.
      а) Разрешите погулять ночью.
      б) Разрешите провести у вас ночь.

2. Я вас не потесню.
      а) Я вам не помешаю.
      б) Вам не будет тесно.

3. Пришла она под вечер в третью деревню.
      а) Пришла она в конце дня в третью деревню.
      б) Пришла она днём в третью деревню.

4. А собака в мешке как зарычит!
      а) Вдруг в мешке зарычала собака.
      б) Как зарычит собака в мешке?

5. Ничего не поделаешь.
      а) Нечего делать.
      б) Ничего нельзя сделать.

3. Вычеркните слова и фразы, которых нет в тексте сказки.

1. У лисички была скалочка, курочка, дудочка, собачка, девочка, гусочка.
2. Лисичка легла на лавочку, хвостик под лавочку, лапки под печку.
3. Ушки слушали, глазки глядели, хвост мешал, глазки блестели, ножки бежали.

4. Согласитесь или опровергните ответы на вопросы (*а* — да, *б* — нет).

1. Что случилось со скалочкой, курочкой и гусочкой? — Их украли.   (а) (б)
2. Что хотела лиса от девочки? — Лиса хотела её съесть.   (а) (б)
3. Чем закончилась сказка? — Собака потрепала лису.   (а) (б)